rowohlt
KINDLER

ERIKA MANN UND KLAUS MANN

waren die ältesten Kinder von Katja und Thomas Mann. Erika Mann (1905–1969) arbeitete hauptsächlich als Schauspielerin und Journalistin. Anfang 1933 gründete sie in München das Kabarett «Die Pfeffermühle», kurz darauf emigrierte sie. Klaus Mann (1906–1949), der bereits mit fünfzehn Jahren erste Novellen schrieb, wurde zur zentralen Figur der internationalen antifaschistischen Publizistik, er gab im Exil die Zeitschriften «Die Sammlung» (1933–1935) und «Decision» (1941–1942) heraus und kehrte als US-Korrespondent nach Deutschland zurück.

ITALIEN
Genua
RAPALLO
PORTOFINO
SANTA
MARGHERITA
LA
SPEZIA
MIGLIA
SAN REMO
RIVIERA DI LEVANTE
MONTE CARLO
P FERRAT
GOLF VON SPEZIA
BES
RIVIERA
LIGURISCHES MEER
ZUR
N
W
O
S

ERIKA MANN

UND

KLAUS MANN

DAS BUCH VON DER RIVIERA

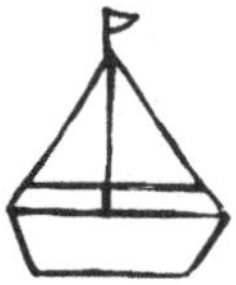

Rowohlt Kindler

Die Rechtschreibung folgt der 1931 im
R. Piper & Co. Verlag erschienenen Erstausgabe.

4. Auflage Dezember 2025
Veröffentlicht im Rowohlt Verlag GmbH, Kirchenallee 19, 20099 Hamburg

Umschlaggestaltung any.way,
Barbara Hanke / Cordula Schmidt
Umschlagabbildung Poster advertising Agay, c. 1930
(colour lithograph), Broders, Roger (1883–1953) /
Private Collection / Photo © Christie's Images /
Bridgeman Images
Karte im Vorsatz Imke Trostbach
Satz aus der Scala Pro
bei Pinkuin Satz und Datentechnik, Berlin
Druck und Bindung
CPI books GmbH, Leck
ISBN 978-3-463-40715-9

Kontaktadresse nach EU-Produktsicherheitsverordnung:
produktsicherheit@rowohlt.de

MIX
Papier | Fördert
gute Waldnutzung
FSC® C083411

INHALT

DIE FRANZÖSISCHE RIVIERA

DIE ITALIENISCHE RIVIERA

EINLEITUNG

I

Woher hat diese blaue Küste ihren großen Ruhm? Warum bleibt diese Côte d'Azur durch verschiedene Jahrzehnte der Vergnügungs- und Erholungsstrand des Kontinents, der Welt? The Coast of Pleasure – Die Riviera: Legende von Luxus, Glanz, rollender Kugel, Hermelinpelz und Champagnerseligkeit. Generationen von Kommis und Kammerzofen träumten hiervon, während die Herrschaft im Februar hinfuhr. – Gesegnetes Frankreich, mit Paris als Hauptstadt und dieser Mittelmeerküste als Badestrand! Der französische Künstler, der aus dem perlgrauen Licht von Paris sich keine neuen Inspirationen mehr holen zu können glaubt, besteigt den D-Zug und ist nach einer Nachtfahrt dort unten, wo das Licht härter und heißer, zugleich satter, blühender und trockener ist; italienisch, aber manchmal schon mit einem afrikanisch dürren Einschlag; und dieser Einschlag wiederum französisch gemildert, gleichsam durchzivilisiert, zarter, zärtlicher gemacht. Man hat von der Riviera eine Vorstellung idyllischer Gleichmäßigkeit;

einer der Zivilisation so wohlvertrauten Gegend, daß sie keine Überraschungen mehr bietet. Das ist nicht völlig richtig, denn in manchen Regionen, vor allem des Hinterlandes, verändert sich und wächst diese Idyllik sehr ins Großartige; etwa im *Estérel-Gebirge* oder in den Schluchten der *Alpes Maritimes.* Hier ist plötzlich Schroffheit, Kahlheit und pathetische Öde, während vorne, in den Gärten überm Meer, mit zauberhaften Farben und Gerüchen tausend Blumensorten gedeihen. – An manchen Punkten, und vor allem in versteckten Winkeln, wird die Küste so südlich, daß die Palmen, die in den Vorgärten der Hotels oft noch ein bißchen lächerlich, wie aus der guten Stube und zum Abstauben, wirken, wahrscheinlich werden, hingehören, wie in ein Negerdorf.

Sonne, Sonne, Sonne – plus Golfstrom. Ganz blaues Meer, Palmenalleen, Kasinos, Luxushotels: das ist die populäre Vorstellung von der Riviera. Über ihr vergißt man ihre herberen Reize. André Gide spricht einmal vom «Banne jener trügerischen Spiegelung, die uns vortäuscht, der Süden sei etwas Gnadenreich-Mildes» und bekennt im selben Zusammenhang seine «seltsame Freude am Spröden, Dürren, Vorweltlichen, die mir die Wüste so viel begehrenswerter erscheinen ließ als die Oase». Nun, in jedem Süden ist schon ein Stück Wüste, etwas Abgebranntes, unfruchtbar Sandiges, Versengtes; man muß nur Augen haben, es zu ahnen, selbst noch in

Erika Mann. Lavandou, 1933

der Süßigkeit der azurenen Küste. Zugegeben, daß hier das «Gnadenreich-Milde» vorwiegt. Aber wer Nerven hat, spürt das andere dahinter und wird die Oasen-Süßigkeit darum nicht weniger, sondern nur tiefer lieben.

Natürlich haben Luft und Stimmung dieser Riviera zwischen *Marseille* und *Mentone* die französische Malerei sehr beeinflußt, und der Impressionismus wäre kaum ohne sie denkbar. Von Renoir, der in

Cagnes arbeitete, über Van Gogh bis zu Matisse und Derain hat die lichtgesättigte Atmosphäre der Côte d'Azur auf die große Kunst am Ende des 19. und Anfang des 20. Jahrhunderts eingewirkt. Es ist auffallend, daß Meer und Küste thematisch bei den klassischen Impressionisten und Nachimpressionisten keine dominierende Rolle spielen. Wir denken eher an Gärten, Frauen, Stilleben mit Äpfeln, wenn wir an den Impressionismus denken, und obwohl wir hier manchmal in den kleinen Häfen Schiffe wiederzuerkennen glauben, die wir von gewissen Blättern Van Goghs her kennen, gehört das Meeresufer nicht zu den Assoziationen, die wir primär mit Van Goghs Namen und Antlitz verbinden, wie etwa die Sonnenblumen, einige Büsche und Bäume, die wie Flammen zu lodern scheinen, oder der Garten des Irrenhauses. – Trotzdem hätte aus der silbrig zugedeckten Luft von Paris allein der Impressionismus kaum geboren werden können; oder vielmehr: sie allein hätte ihn nicht zu erhalten und zu ernähren vermocht. Dazu war Frankreichs Süden notwendig. – Und in unserem Jahrzehnt, seit in *Sanary* und *Cassis* einerseits, in *Cagnes* und *St.-Paul* andererseits immer mehr Malerniederlassungen, wahre Malerschulen sich bilden (sowohl französische als auch deutsche oder angelsächsische), tritt die Côte d'Azur auch als Thema in der Malerei der europäischen Moderne immer häufiger hervor. –

Es ist sehr schön, in Hamburg oder in Berlin zu wissen, daß Deutschland auch die oberbayrische Landschaft zu bieten hat, daß es auch diese deutsche Möglichkeit gibt. Ebenso erquickend ist in Paris das Bewußtsein von der Existenz Südfrankreichs und der Côte d'Azur. Man kennt den Franzosen ungenügend, wenn man nur den Pariser kennt, man kennt nicht einmal die französische Sprache, hat man nur diesen großstädtisch abgeschliffenen Pariser Argot im Ohr. Der Südfranzose redet rauher, langsamer und sonorer. Er betont die Endsilben stärker, wodurch sein Dialekt schwerfälliger wird. Obendrein rollt er die R's und hat einige recht behinderte Kehlkopflaute. Das Gesamtergebnis ist entschieden weniger elegant als das pariserisch nachlässig eilige Causieren; man könnte sagen, naiver. – Die Pariser machen sich über den Südfranzosen gerne ein bißchen lustig; andererseits lieben sie ihn. Er gilt für großsprecherisch und kindlich genußsüchtig; gutem Wein und der Geselligkeit zugetan; zugleich behäbig und temperamentvoll. Viele seiner Wesenszüge und Eigenschaften muten schon italienisch an; aber schließlich ist er eben doch Franzose, das heißt: zivilisierter, europäischer und ohne die cäsarischen Größenwahnkomplexe. Er ist harmlos, wenn er aufschneidet und einem den Buckel vollügt; auf imperialistische Abenteurer fiele er so leicht nicht herein. Gesunder Menschenverstand sichert ihm ein gut Teil Zynismus, der beim Franzosen das angeborene Pathos immer dämpft und erträglich macht. Er ist sinnlich, von Natur liebenswürdig und meist guter Laune.

Die französische Literatur hat sich oft und herzlich mit ihm beschäftigt, er ist einer ihrer klassischen Typen. Gerade jetzt macht eine Komödie ihren Siegeszug über die Bühnen der Welt, die in *Marseille* spielt und südfranzösische Eigenheiten teils wohlwollend verspottet, teils feiert: «Marius» von Pagnol. Die stärkste Eigenschaft dieses Jungen, der am Hafen lebt, ist das «Fernweh»; sie wird sein Schicksal. Wahrscheinlich ist sie zum Bilde dieser Küstenbewohner, die so viel humoristisch kleinbürgerliche Züge haben, überhaupt unentbehrlich. Sie haben immer vor sich das Meer; Afrika gegenüber. «Fernweh» ist eines der Grundgefühle aller Völker, die am Meere leben; Pagnol – oder Bruno Frank, der das deutsche Wort fand – hat das schön formuliert. – Durch diese Unruhe, diesen Drang ins Fremde unterscheidet sich der Mensch der südfranzösischen Küste, der Côte d'Azur, von seinem Bruder im Hinterlande, der südfranzösischen Provinz. Nehmen wir den Marseiller als den Typ dieser Gegend: eine Mischung von Behaglichkeit und Abenteuerdrang, von Bürgerlichkeit und «inquiétude» macht seinen spezifischen Charme aus.

II

Diese Küste, zwischen *Ventimiglia* und *Marseille,* mit solcher Sonne, solcher milden Luft, mit solchem Meer, solchen Blumen und einer so reizvollen Bevölkerung, die sich auf die Gastfreundschaft als Geschäft versteht, mußte ein großer Menschenmagnet sein. So wurde sie eine Zeitlang zur elegantesten Küste der Erde. Damals waren noch unsere Großeltern fesch. Inzwischen sind das Engadin oder Ägypten oder Florida oder die Monstrebäder von Kalifornien viel luxuriöser geworden. Nur einige wenige bestimmte Plätze an der französischen Riviera sind noch Treffpunkt jener legendären «großen Welt»: einige Wochen lang *Cannes,* einige Wochen *Cap d'Antibes* oder *Juan-les-Pins.* Wir kommen darauf im einzelnen noch zurück. – Warum wird, von diesen erlesenen Punkten abgesehen, die ganze Küste von so vielen immer noch so viel geliebt? Warum fahren wir hin, immer wieder? – Es gehört zu ihren Geheimnissen, daß sie jedem ganz das bietet, was er sucht. Es ist eine nachgiebige Küste.

Dem großen Snob, der gerne mit Herzoginnen, Kaffeeköniginnen und Lords in derselben Hotelhalle sitzen möchte, bietet sie einige Hotels, wo diese in der Tat immer noch sitzen, kurz haben wir schon angedeutet, wo. – Inzwischen hat sie sich auch dem bourgeoisen und kleinbourgeoisen Publikum weit

Klaus Mann. Lavandou, 1933

geöffnet, ja es dominiert hier beinah, wie übrigens eigentlich fast überall auf der Welt. In *Cap d'Ail, St.-Jean, Beaulieu,* in *Nice, St. Raphaël, Hyères* und an hundert verschiedenen anderen Plätzen findet es ganz die Gemütlichkeit, die es sucht; außerdem, in mittleren Kasinos und Cafés, den Talmiglanz, der es blendet. Man kann es auf der Promenade von *Nizza* in so dichten Haufen promenieren sehen, daß es nur noch ein amorphes Geschiebe ist; es sitzt behäbig auf den Terrassen, trinkt seinen Kaffee und sein Bier, dabei läßt sich kaum mehr unterscheiden, ob es aus Lyon oder Leipzig oder aus Milwaukee kommt. – Andererseits hat sich die internationale Bohème immer intimer hier beheimatet, es sind verschiedene kleine Nester, die sie wie auf freimaurerisch geheime Abmachung bevorzugt: *Sanary, Cassis, Beauvallon, St.-Tropez, Cagnes, St.-Paul, Villefranche.* Wir werden dort, wenn wir erst nachher genauer hinschauen, deutsche und französische Maler, englische und amerikanische Dichter, Berliner Schriftsteller und Pariser Komponisten treffen. – Es ist mehr und mehr üblich geworden, an die Riviera «zum Arbeiten» zu fahren. Das ist eigentlich auch das Schönste, was man dort unten tun kann, wenn man nur das geeignete Nest findet. Die Vergnügungen der Riviera sind nur selten noch ungewöhnlich. Aber ungewöhnlich ist die Kraft dieser zugleich beruhigend sanften und bunten Landschaft, konzentrierend zu wirken, wenn man Konzentration und produktive Sammlung sucht.

Von den Vergnügungen der Côte ist es immer noch das Spiel, das am stärksten lockt. Manche kommen wegen der Tennisturniere, oder der Pferderennen; manche wegen des Karnevals, der guten Küche oder der Schönheitskonkurrenzen; die meisten aber doch wegen der Boules, des Roulette und des Bakkarat. – Die Spielertragödien à la Dostojewski muten uns etwas stark altmodisch an; aber sie verlieren nicht an brennender Aktualität für den, der sie gerade erlebt. Die typischen «Riviera-Existenzen», die, welche «nicht mehr loskommen», sondern Jahr und Jahrzehnte an der Küste bleiben, wie im Zauberberg, sind meistens dem Spiel verfallen, seiner vielfach geschilderten, klassischen, fast schon konventionellen Dämonie, die im Monte-Carlo-Kasino am eigentümlichsten zu Hause ist. Es sind die jungen Engländer, die sich so lange in den Bars und Spielsälen zwischen *Monte* und *Cannes* herumtreiben, bis ihr Jugendglanz anfängt dahinzugehen, sie trübe Augen und schlaffe Mienen bekommen; es sind die russischen Emigranten, die überall Lokale aufmachen, aber gleich das wieder beim Bakkarat verlieren, was sie vielleicht eingenommen haben. Es sind schließlich die gelernten Gigolos, die so lange reiche Amerikanerinnen im Tango drehen, bis eine sie mit nach Chikago nimmt, und die sich, bis es dahin kommt, ständig Nebeneinnahmen vom grünen Tisch erhoffen.

Mondäner Zauber und bourgeoise Gemütlichkeit; Sport, gutes Essen und Bakkarat sind große Attraktionen; aber die größte Attraktion ist das Nichtstun. Die Riviera legitimiert es, dieses Dolce-farniente,

Erika Mann. Lavandou, 1933

man braucht nicht einmal krank zu sein. Kranksein verlangt ja meistens schon eine gewisse Disziplin der Tageseinteilung; Liegekur, Messen, ausführliche Mahlzeiten. «Sich an der Riviera erholen» heißt nur: in der Sonne sitzen, ein klein bißchen spazierengehen, höchstens ein ganz klein bißchen Golf oder Tennis spielen. Nicht einmal das Schwimmen spielt hier eine seriöse Rolle, wie in nördlicheren Badeorten, wo es sportlichen Charakter hat. – Deshalb lieben diese Küste alte Damen so, die auf der Welt nichts mehr zu tun haben, als mit dem Sonnenschirm eine Promenade entlang zu wandeln; und die Künstler, die, wenngleich ihrerseits passioniert fleißig, eine Atmosphäre von Trägheit um sich herum meistens lieben. Hingegen könnte ich mir vorstellen, daß junge Leute, die Aktivität und Tempo gewohnt sind, von dieser Stimmung der Gemächlichkeit auf die Dauer denn doch enerviert würden. Denn auch die Eingeborenen der Küste sind faul, faul mit Technik und mit Genuß. Viele Fischer in den kleinen Nestern der Côte arbeiten wöchentlich nur drei Stunden. Den übrigen Teil der siebenmal 24 Stunden lassen sie ihre Weiber die Netze flicken. Dafür leben sie anspruchslos, von Obst, Fischen, Gemüsen. Es sieht aus, als seien sie glücklich. – Dies allen Neuyorkern und Berlinern zum Nachdenken.

III

Wir haben die Côte d'Azur «nachgiebig» genannt, das heißt: sie zwingt dem Besucher keinen Lebensstil auf, wie die Nordsee, das Engadin oder Ägypten; vielmehr kann er sich denjenigen wählen, der ihm paßt. Nachgiebig ist sie auch unseren finanziellen Verhältnissen gegenüber. Man kann dort so teuer leben, wie nur an einigen Punkten der Erde – und fast so billig wie im Fischerdorf. Die untere Grenze ist etwa 25 fr. Pensionspreis (4 M. 10 Pfg.), die obere verliert sich schwindelnd im Unendlichen. Wer etwa den Luxus gern hat, ihn sich aber nicht vollkommen leisten kann, setze sich in einen anspruchsvollen Ort wie *Cannes* für 30 fr. Pension in ein bescheidenes, doch sauberes Hotel. Er wird die Luft des Reichtums atmen, die ihn unverständigerweise so fasziniert, und doch für seine Person nicht viel brauchen. Gerade in diesen größeren Orten (*Cannes, Nice* usw.) ist es übrigens eigentlich empfehlenswerter, keine Pension zu nehmen, sondern sich eine Stube zu mieten und in all den kleinen Restaurants «herum» zu essen. Es ist lustiger und kommt keinesfalls teurer. In den kleinen Orten gibt man sich besser in Verpflegung, es kostet zwischen 40 und 60 fr., beinah nie mehr. Für 80 oder 90 fr. kann man schon in einem recht pompösen Palace von *Monte, Nice, Cannes* oder *St. Raphaël* hausen und speisen. Selbst die Hotels mit den legendären Namen (Typus Negresco in *Nice*) haben bescheidenere Zimmer, etwa 90 fr. ohne Verpflegung. Freilich dann die großen Appartements zum Meer, mit Salon, Bad usw. gehen schon ein wenig ins Abenteuerliche.

Es kommt hier immer drauf an, was man will. Wenn man lange bleiben will, Monate oder ein halbes Jahr, ist es am gescheitesten, man mietet sich

Klaus Mann. Lavandou, 1933

ein Häuschen, mindestens ein Zimmer oder ein Appartement. Es wird billiger und netter sein noch als das kleinste Hotel. Wenn man «die Küste kennenlernen» – das heißt: viel herumfahren – möchte, setzt man sich am vorteilhaftesten in einen größeren Ort, am besten nach *Nice*, das zentral liegt (natürlich ohne Pension), um von dort aus seine Ausflüge zu machen. Für diesen Fall ist man am besten dran, wenn man einen Wagen bei sich hat, sollte es auch nur ein häßlicher Zwergwagen sein, man genießt ihn nirgends so wie hier. Übrigens sind auch Autobusdienst und Zugverbindungen ausgezeichnet organisiert. Von *Nizza,* zum Beispiel, hat man nach allen Richtungen die bequemste Verbindung. – Wenn man nichts will, als seine Ruhe (zum Arbeiten oder zum Schlafen), gehe man in eines der vielen, vielen kleinen Nester: im Winter etwa nach *Villefranche,* im Sommer nach *Lavandou* oder *St.-Tropez* oder *Cassis,* oder – oder – –; und wenn man 60 fr. Pensionspreis ausgeben kann, wird man wie jener Gott in Frankreich leben, hinter den Sieburg mit seinem Buch seit neuestem ein problematisches Fragezeichen gemacht hat, worüber die Franzosen sich gewaltig entsetzen und erregen.

Überall aber, und für jeden Pensionspreis, wird man diese große Sonne haben; und so mildgesinnte Luft, daß kühne Menschen oft im Januar schon schwimmen. Man nehme sich trotzdem einen Mantel mit, wenn man im Winter oder Frühling nachmittags spazierengeht; denn, man sollte es nicht glauben, abends kommt es kühl vom Meere her. Es ist eine glückliche Gegend, doch keine vollkommene; und man kann sich gerade hier sehr leicht erkälten.

Glückliche Küste! Coast of Pleasure, Côte d'Azur, blaue Küste! Strand des Dolce-far-niente, des Spiels, der Arbeit, der Blumen und der sonnenbeglänzten Promenaden. Wir können nicht alles zeigen, was es an ihr zu sehen gibt. Aber doch etwas. Und nun fangen wir an.

DIE FRANZÖSISCHE RIVIERA

MARSEILLE

In *Marseille* mit dem Zug anzukommen ist so komfortabel wie irgendwo, denn Sie nehmen am Bahnhof ein Taxi und sind nach einer etwas aufregenden kleinen Fahrt in Ihrem Hotel. Die Einfahrt mit dem Wagen hingegen trägt schon einen leicht katastrophalen Charakter.

Marseille gehört zu den Städten, die größer sind, als es ihnen zukommt; das heißt: größer, als man es von ihnen erwartet. Das eigentliche *Marseille* liegt übersichtlich und zusammengedrängt, man erfaßt seine Konstruktion beim ersten Spaziergang. Die imposante und vielgerühmte Hauptstraße, die «Canebière» heißt, bildet sein Zentrum und Rückgrat; sie teilt es ein und macht es übersichtlich. Sie mündet auf den Alten Hafen, wie ein Strom ins Meer; oben wird sie von der stattlichen Rue de Rome gekreuzt. Geschäftsstraßen laufen ihr parallel oder schneiden sie. Sie verflechten sich ineinander, machen Bogen und Ecken, werden zum Gassengewirr. Aber an der Canebière kann man sich immer wieder orientieren.

Der Hafen und die untere Hälfte der Canebière mit ihrer Umgebung ist das *Marseille*, in dem man sich auskennt. Die Vorstädte aber sind endlos ausgebreitet, ungegliedert und amorph.

Sie sind schrecklich häßlich und beinahe ohne Charakter. Nur wenn man sehr genau hinsieht – besser noch, hinriecht, denn *Marseille* hat einen sehr besonderen und unvergeßlichen Geruch –, geht einem die Ahnung auf, daß diese schmutzstarrende, von lärmenden Fahrzeugen überfüllte Peripherie doch schon zu der einzigartigen Stadt gehört, vielleicht der abenteuerlichsten Stadt Europas.

Wenn Sie von *Avignon* kommen, ist die Straße über *Salon* der über *Aix* vorzuziehen: sie ist hübscher. Die Einfahrt ist in beiden Fällen dieselbe. Wenn es sich trifft, daß Sie zwischen fünf und sieben Uhr abends ankommen, ist es besonders teuflisch. So ausgedehnt diese Vorstädte sind, so bis zum Platzen voll von Menschen und ratternden Vehikeln aller Art –, Verkehrsordnung gilt nicht. Sie können genau so gut rechts vorfahren, wie links. Nur der Trambahn eigentlich prinzipiell links, was bei uns zulande bekanntlich eine der aller unverzeihlichsten Sünden ist; und wenn es einen kleinen Zusammenstoß mit dem entgegenkommenden Gefährt gibt, wird es im Getriebe weiter nicht viel Aufsehen machen. Erschrecken Sie nicht, wenn die Trambahnen hupen, wie sie es eigentlich nicht tun sollten, – sie haben dadurch etwas von Zwittern und Mißgeburten – so als wollten Hunde plötzlich wiehern –; das gehört zu den Besonderheiten dieser Stadt. – Gönnen Sie sich erst eine gruselige Sensation und stellen Sie sich vor, Sie müßten in dem kleinen Hotel wohnen, das dort in der finsteren Ecke liegt und so pompös «Hôtel de Paris et de Rome» heißt, weil eine Kapitale nicht genügt –, und wie es sich schlummert, so ganz auf Wanzen gebettet. Dann leuchtet Ihnen – Sie hätten es kaum noch für möglich gehalten – ein Triumphbogen entgegen; Sie biegen, wirklich triumphierend, in die Rue de Rome ein; und von der Rue de Rome endlich, endlich in die Canebière.

Da Sie leider Ihren Baedeker vorsichtshalber außer diesem Büchlein mit sich führen, finden Sie an Hotels eine reiche Auswahl. Ich weiß nicht, ob Sie wohlhabend genug sind, im Hôtel de Noailles abzusteigen, das seine luxuriöse Front der Canebière zuwendet – trösten Sie sich, wenn es zufällig im Moment nicht geht, eigentlich ist es unten am Hafen viel netter.

Dort kommen vor allem zwei Hotels für Sie in Frage, das Hotel Beauvau und das Grand-Hôtel de Genève. Letzteres hat sehr maßvolle Preise. Sie bekommen schon für 30 fr. ein Zimmer, das sogar sauber ist. Versuchen Sie eines zu erwischen, das einen Balkon mit dem Blick auf den Hafen hat; es ist ein bezaubernder Blick. Das Hotel Beauvau hat eine feinere Tradition und herrschaftlichere Räumlichkeiten; es ist auch ein bißchen teurer. Die arrivierte Literatur bevorzugt es; diesen Winter hatte Jean Cocteau sich vorübergehend dort niedergelassen und einige der Zimmer, die Sie für 60 fr. nach ihm mieten können, mit seinen Geräten und seinen Träumen erfüllt. – Ein kleines Ehrendenkmal nebenbei für Monsieur Leflondre, den Nachtportier des Beauvau. Er ist so versiert, wie würdevoll und gefällig und der empfehlenswerteste Guide durch die Mysterien des Alten Hafens. – Außer diesen beiden käme vielleicht noch das etwas bescheidenere Hôtel Méditeranée für Sie in Frage, das auf der anderen Seite des Hafens, dem Beauvau schräg gegenüber, liegt.

Wenn Sie mit dem Auto gekommen sind, bringen Sie es am zweckmäßigsten in die Garage de L'Opéra, Rue Sainte. Das ist ziemlich nahe von Ihrem Hotel und nach einigem Suchen werden Sie es sicher finden, wenn nicht gar Leflondre mit Ihnen kutschiert. Verwechseln Sie nicht die Börse mit der Oper, dazu neigt man im Anfang, weil beide gleich konventionell und stattlich repräsentativ aussehen. In beiden wird Lärm gemacht, aber die Garage liegt also hinter dem Gebäude, wo man dafür zahlt, ihn zu hören.

Wenn Sie des Wagens los und ledig sind, wollen Sie sich gewiß mit einem Wermut oder einer Tasse Schokolade erfrischen (es ist nun nachmittags fünf Uhr). Sie haben die Wahl zwischen den großen Kaf-

La Canebière, gegen 1900

feehäusern der Canebière, wo Sie von glasbedeckten Veranden aus Gelegenheit haben, das muntere Treiben des Volkes zu beobachten; (dicke französische Bourgeois und geschminkte Kleinbürgerdamen schieben sich zwischen Matrosen und Kolonialsoldaten dahin;) oder Sie wählen einen etwas friedlicheren Aufenthalt – zum Beispiel die Cintra-Bodega, die unten am Hafen liegt, im selben Gebäude wie das Hotel Beauvau, und die Ihnen gewiß gefallen wird, denn sie ist gemütlich braun getäfelt und es gibt dort ausgezeichneten Sherry und Porto, das ist eine Spezialität des Hauses, von dem Niederlassungen auch in Paris, Lyon und sonstwo existieren. – Wenn Sie sich gestärkt haben, wollen Sie aber ein bißchen in der Stadt herumschauen. Sie schlendern wieder an der Börse vorbei, kaufen beim großen Zeitungskiosk ein deutsches Journal, erfahren, daß bei uns die Preissenkung gewiß nächste Woche beginnen soll; schlendern getröstet weiter; die Canebière nimmt Sie auf, trägt Sie weiter in der Flut ihres enormen Verkehrs. Sie lösen sich aus ihr, dieser bunten Flut, um im Büro der American Expreß Company nachzufragen, ob Post für Sie da ist (denn dorthin haben Sie schlauerweise Ihre Korrespondenz geleitet). Lassen Sie sich's nicht verdrießen, daß es nur zwei Rechnungen sind, schlendern Sie weiter.

Man bummelt so herum, geht zum Friseur und in die Läden. Avis für die Damen: in Südfrankreich, speziell in *Marseille*, wenn irgend möglich, nicht zum Friseur gehen. Alles sieht soweit recht proper aus, – feine Gerätschaften, nette Menschen. Aber es geht zu, wie wenn Buster Keaton etwas unternimmt, Kaffee kocht, Holz spaltet. Mit sachlicher Miene verdirbt man uns, meine Damen, die Frisuren, – schneidet alles kurz und klein, macht Locken, wo wir keine mögen, tut uns Seife ins Haar, ohne sie wieder zu entfernen, gibt uns fettes Haarwasser, da wir trockenes lieben, – ich weiß selber nicht, wieso, aber es ist kein Staat zu machen mit den Friseuren in Südfrankreich. Shampoon mitnehmen, selber waschen, oder, allenfalls, dem Frisierladen des Noailles-

Hotels die Chance lassen, uns Lügen zu strafen. Was die Läden angeht, in denen wir das Geld ausgeben, das wir nicht mehr haben wollen, so gibt es hübsche Ledersachen zum Beispiel, – fürs Auto, für die Reise, fürs Hotelzimmer in der Maison Allemande, Rue Haxo, unweit der Canebière. Oder Spitzenzeug, feines, belgisches für wenig Geld im Haus Bonhomme Verot, Rue de l'Académie. In dieser Straße sind überhaupt die Spitzen daheim, sie liegen wie Obst vor den Läden auf dem Tisch, hängen hinunter aufs Pflaster, bunte und weiße, auch Gobelins und Teppiche, – das sieht schon beinah afrikanisch aus. Wenn man da ein bißchen weitergeht, kommt man auf den großen Fischmarkt, – Halles Charles de la Croix, Rue Vacon. – Aber die ernsthaften Läden sind auf der Canebière, oder auch in der Rue St. Ferréol. Dort haben wir sogar eine Etamfiliale. Achtung, die Damen, die bloß Etamstrümpfe mögen! Kleider würde ich nicht kaufen in *Marseille*. Die, mit denen man uns lockt, sind alle nicht besonders schön, und es kommen so besonders schöne, wenn wir etwas weiter sind, etwas näher an *Cannes*.

Inzwischen ist es Zeit zum Abendessen geworden. Sie grübeln, welches Restaurant das originellste sein könnte, und werden am ersten Abend doch bei Basso landen, das ist wieder unten am Hafen. Kommen Sie frühzeitig, dann erwischen Sie noch einen Tisch an den Fenstern der ersten Etage. Von dort aus übersehen Sie den ganzen Alten Hafen samt allen Muschelverkäufern und buntem Volk, bis zur Schwebebrücke, die ihre imposante Eisenkonstruktion in einen abendlich verklärten Himmel hebt. Es ist eine schöne Stunde, um zu sitzen und dem Getriebe zuzuschauen. Der Abend kommt hier in großer Klarheit herauf.

Sie werden eine Bouillabaisse bestellen, weil sie klassisch ist (Sie wissen: die scharfe Suppe, in der alles schwimmt, wenn Sie Glück haben, sogar Languste); sie ist bei Basso gar nicht so besonders gut; – eine sehr versierte Dame – ihr Beruf ist doch wirklich im Augenblick Nebensache – verriet uns, daß sie dort aus Konserven hergestellt wird. Die Langusten sind fast so teuer, wie bei Kempinsky, was eigentlich auch ungehörig ist. Essen Sie Austern, sie schmekken wie konzentriertes Meer und kosten hier wenig. Auch sonst bietet die Speisekarte von Basso recht köstliche Dinge.

Morgen mittag werden Sie sich vielleicht für das Restaurant Pascal entscheiden, es liegt ein paar Minuten von Basso, gleichfalls am Hafen und ist etwas billiger und weniger berühmt. Oder für das kleine Lokal Charley, oben, am Boulevard Garibaldi, das niemand kennt und wo man in sehr intimem Milieu reizend speist. – Aber es ist ja noch heute abend.

Während Sie Ihren Café noir trinken, wird es ganz dunkel. Wir an Ihrer Stelle könnten uns nun nicht mehr beherrschen, sondern müßten gleich in die Gäßchen hinterm Alten Hafen laufen, die das eigentlichste *Marseille* sind, sein Geheimnis, sein Charme. Man hat Sie gewarnt, hinzugehen und düstere Andeutungen gemacht, es sei arg gefährlich. Das ist es aber nur dann, wenn Sie es mit den Leuten rein gar nicht verstehen, oder wieder Ihren ganzen Schmuck angelegt haben. Einer Dame mit zu auffallenden Ohrringen freilich sind unlängst, zugleich mit dem Geschmeide, die Ohren abgeschnitten worden. Das ist authentisch. – Wenn Ihnen das winkelige und altersgraue Vergnügungsviertel also zu verdächtig aussieht, können wir Ihnen nur raten, in die Oper zu gehen, wo gerade eine Dame aus Mailand als Toska gastiert; oder in das große Variété, das, seitlich der Canebière, in der Rue de L'Arbre, zwischen der Maxim-Bar und den Nouvelles Galeries liegt und wo Sie wohl eine sehr farbenprächtige Show mit Girls, Marschmusik und knalligen Dekorationen vorfinden werden; oder in eines der großen Kinos an der Canebière, wo heute abend zum Beispiel «Die Vier von der Infanterie» laufen, so daß Sie endlich etwas über den Krieg erfahren werden. (Überall in Frankreich laufen Kriegsfilme, genau wie in Deutschland und in den Buchläden liegen Kriegsbücher aus, sogar solche von unserem blutrünstigen Ernst Jünger; das Interesse der Menschheit für diesen schauerlichen und stumpfsinnigen Gegenstand hat etwas

Besorgniserregendes.) – Wir begleiten Sie also weder zu Toska, noch zur Revue, noch zum getonfilmten Massenmord, sondern, wenn es schon Cinéma sein soll, ziehen wir eines der ganz kleinen, dreckigen vor, die am Eingang zum Puffviertel, unten am Hafen liegen. Dort läuft ein ganz alter Ramon Novarro-Film, einer aus der guten, alten, stummen Zeit; und während oben Ramon, der eigentlich ein junger König ist, eine junge Dame zu küssen versucht, die aber nicht weiß, mit wem sie es zu tun hat und deshalb sehr spröde ist –, lassen sich um uns herum, viel bereitwilliger, kindlich angemalte kleine Mädchen von ihren Matrosen in die Arme nehmen.

Den Schlepper, der sich uns an die Sohlen heftet, schütteln wir ab, weil er ein unangenehmes Gesicht hat und nicht mehr weiß, als wir. Der Quai erweitert sich zu einem kleinen Platz, der aussieht, als wäre er früher einmal sehr fein und still gewesen; dort liegen ein paar größere Dancings, wir treten ein, um einen Pernod fils zu trinken. Es ist noch nicht sehr viel Betrieb; ein paar englische Matrosen in kleidsamen Uniformen mit eiförmig schmalen, hochmütig hübschen Köpfen üben Charlestonschritte, wozu die Damen herzhaft in die Hände schlagen.

Wir gehen wieder; etwas mehr den Quai hinauf kennen wir ein paar kleine Chinesen- und Negerkneipen, die besonders gemütlich sind.

Wir biegen in die Seitengäßchen ein, wo der eigentliche Betrieb sich abspielt. Der weiche Gegenstand, über den man stolpert, kann ebensowohl eine tote Ratte, wie eine aufgeweichte Kartoffel sein. Die finsteren Sträßchen, die steil aufwärts führen, sind nichts anderes als Gossen, man prüfe lieber nicht nach, was da alles hinuntergeschwemmt wird. Lieber gebe man auf seinen Hut acht, denn die bunten Damen, die so exzentrisch und ungenügend bekleidet vor ihrem Kämmerlein auf dem Schemel sitzen, – hinter sich gleich das Bett, – haben es auf ihn abgesehn und wehe dir, sind sie seiner habhaft geworden. Dann mußt du der kreischend Entspringenden in ihre kleine Häuslichkeit folgen; nicht auszudenken, was dir dort geschieht.

An einer Ecke leuchten besonders verführerisch die Funkellichter. Dort konzentrieren sich die großen, seriösen Etablissements: die maisons Aline, Auline, Theo, Claire de Lune. Vor jedem sitzt eine ältere Dame im Umschlagtuch und verspricht dir die Wunderdinge, die du drinnen haben könntest. Sie übertreibt kaum. Alles, was sie dir verheißt, ist vorrätig, auch die besonderen Filme; obendrein wirst du nicht übervorteilt, niemand klaut dir die Brieftasche und, wenn du nichts anderes begehrst, brauchst du nur unten, im Empfangs- und Tanzsalon eine Flasche Landwein für 30 fr. trinken, oder ein Bier. Häuser dieser Art sind kleinbürgerlich. Der Reiz dieses ganzen Viertels besteht eben darin, daß es französisch-bürgerliche Gemütlichkeit mit einer schärferen, radikaleren, afrikanischen Stimmung vereinigt.

Aus allen Bars winkt man, du möchtest eintreten. In einer schäkern drei slawische Fräuleins mit ein paar französischen marins, die schon zu viel Pernod fils getrunken haben. Schäkere ein bißchen mit und zieh weiter. – Wir lieben am meisten von allen ein Negerlokal, das sich in einer der schmutzig überschwemmten Seitengassen findet. Es ist immer zum Brechen voll von schwarzen Burschen in ihren blauen Arbeitskitteln; wunderbar, ihnen zuzuschauen, wie sie tanzen und lachen. Nicht ganz zu unserer Freude fanden wir diesen Winter die geliebte Kneipe plötzlich im Besitz einer mitteldeutschen Familie, die in ihrer großen Unternehmungslust das florierende Etablissement aufgekauft hatte. Neger wiegten traulich ein sächsisch lallendes Kind und zeigten dem Wurm ihre schönen Zähne; eine blonde Hausmutter verlangte gereizt nach ihrem Strickstrumpf, den sie verlegt hatte, und ein Kellner Fritz aus Berlin lief mit den Getränken herum. Die tüchtigen deutschen Menschen verrieten uns, daß sie die Neger wegzudrängen gedächten, um das Lokal in eine Herberge für Landsleute zu verwandeln; dann wird es nicht mehr so lustig dort zugehen, die Negerknaben aber werden hoffentlich bald ein mindestens ebenso schönes, finsteres und enges Loch finden, wo sie steppen, singen und mit Zähnen, Augen und Messern blitzen können. –

Einmal muß man nach Hause gehen, wir schlendern wieder zum Quai hinunter und zurück ins Hotel. Matrosen bewegen sich in langen Ketten torkelnd zu ihren Herbergen. Ein paar Araber zanken sich in rauhen Lauten. Uns verlockt im Vorübergehen noch ein Lokal, das als verankertes Schiff im Wasser liegt und wo es fröhlich zuzugehen scheint. Aber für diesmal beherrschen wir uns.

Ahnt Ihnen nun schon, wie schön diese Stadt ist? In unserem Zusammenhang bedeutet sie den Eingang zur Côte d'Azur. In Wahrheit aber ist sie der Ausgang zum schwarzen Erdteil. Man ist in 24 Stunden in Algier. Afrika scheint mit tausend Farben und Gerüchen herüberzudringen. Dabei bleibt *Marseille* – wir sagten es schon – durchaus französische Provinzstadt mit ihrer komischen Behäbigkeit, ihrer zivilisierten Enge. Es ist nur zu verständlich, daß europäische Intellektuelle, die beides brauchen – den Atem der Ferne und das Gefühl europäischer Gebundenheit –, *Marseille* lieben und dort gerne arbeiten. Stefan Zweig hat dort viel geschrieben; Joseph Roth erzählte uns von sich dasselbe.

Sie werden vormittags zur neuen Kathedrale wandern, deren etwas phantastischer byzantinischer Kuppelbau sich über den Hafen erhebt – prachtvoll dekorativ aus der Ferne, schlechter Stil in der Nähe, etwa wie Sacré Cœur von Paris –; oder zur Notre-Dame-de-la-Garde, deren goldenes Riesenstandbild vom hohen Felsen her die abfahrenden Schiffe segnet und die nahenden begrüßt. Wenn Sie bildungslustig sind, besichtigen Sie die alte Kathedrale St. Lazare, oder das Museum der schönen Künste. Fahren Sie, wenn Sie Autoreisender sind, die glänzende Rennstraße hinunter, die Prado heißt und zum Musée du Vieux-Marseille führt, wo Sie sich an mancherlei altprovenzalischen Kostümen und Geräten ergötzen können.

Sehr schön ist die Spazierfahrt unten am Meer, Richtung *Toulon* hinaus, vorbei an Notre-Dame-de-la-Garde. Die Straße endet in einer großartigen Wildnis von gelbbraunen Felsen, die schon ganz die harten Konturen afrikanischer Landschaft haben. – Nicht reizlos und ganz unbekannt, weil etwas kompliziert und häßlich durch die Vorstädte zu erreichen, ist der Ausflug nach *Moulin du Diable* (Richtung Salon). Das kahle und öde Dorf liegt auf Felsen, von denen man einen großen Blick haben kann, wenn man etwas weiter spaziert. Hier oben wohnen einige Maler, vor allem Schweizer. Sonst ist in *Marseille* nicht viel zu finden, was Kunst macht, wenigstens nicht viel mit bekanntem Namen.

Halten wir uns, zurückkommend, nicht noch einmal auf der Canebière auf. Kaufen wir den bärtigen Gesellen keine grünen kleinen Vögel ab, die sie uns so beredt anbieten, essen wir keine Fischsuppe mehr, sondern packen wir unsere Koffer, die nur halb ausgepackt waren.

ZWISCHEN MARSEILLE UND TOULON

Es ist komisch: Nichts ist leichter, als in große Städte einfahren, ganz von selber, wie im Strudel wirst du mit deinem Auto ins Zentrum gerissen. Aber wie schwer findest du hinaus! Straßengewirr, Boulevards, die dich unbemerkt zurückführen, Gassen, die mit Brettern vernagelt sind, wie das Ende der Welt bei Andersen. Wir wollen von *Marseille* in Richtung *Toulon* fahren und zwar, kapriziöserweise, die Meerstraße, die schlechter und schöner ist. Da ist es zunächst wichtig, daß wir die Avenue Cantini finden und den Boulevard Rabateau; er ist der rechte Weg, wennschon schweizerkäsehaft durchlöchert. Bis zum Vorort *Aubagne*, in dem es nichts zu sehen gibt, geht alles glatt. Dann heißt es aufpassen. Etwa sieben Kilometer nach *Aubagne* (das wir an einer entscheidenden Kreuzung nach rechts hin verließen), führt eine Straße, wiederum rechts, vom Hauptweg ab, durch Wald- und Hügellandschaft hinauf und hinunter ans Meer und nach *La Ciotat*. Dort fahren beinahe nur wir, denn die Zielstrebigen wissen, die große Straße bringe sie direkter nach *Toulon. La Ciotat* ist lieb und still, ein Hafenstädtchen, das Charme hat. Aber das Golfhotel liegt einen Kilometer weit entfernt sehr prächtig im Palmenhain. Das könnte ein kalifornisches Palace sein, ein Weekend für Moviestars, – nur daß Gott sei Dank *Marseille* nicht Los Angeles ist, sondern tausendmal schöner, aufregender, großartiger bei aller Kleinheit. (Das Golfhotel eröffnet die Saison erst im April, seine Zimmer kosten 50 fr., das ist nicht viel.) Der nächste Ort heißt *Les Lecques*, er hat ein schmuckes Grand-Hôtel, eine Hôtellerie, die de la Plage-Lecques heißt und Pensionäre gegen billiges Geld bürgerlich verpflegt; außerdem einen sehr empfehlenswerten Badestrand.

Sanary scheint zunächst durchaus das freundliche und intime Hafenstädtchen, wie es deren an der Riviera viele gibt: mit einer Straße am Meer, die Quai Victor Hugo heißt und an der das Café de la Marine liegt; mit ein paar größeren Hotels vor dem Städtchen, stattlichen, aber nicht gerade sehr luxuriösen (Hôtel de la Plage usw.). – In Wahrheit aber hat es seine eigene Bewandtnis mit *Sanary*, denn seit einigen Jahren ist es die erklärte große Sommerfrische des Café du Dôme, der sommerliche Treffpunkt der pariserisch-berlinisch-schwabingerischen Malerwelt, der angelsächsischen Bohème. Für die Deutschen hat es Meister Rudolf Levi in Mode gebracht, der mit der vielbesungenen Marietta und einigen jungen Leuten im Café de la Marine Hofstaat hielt, wo man seine über mehrere Kapitalen berühmte Baßstimme scherzen und regieren hören konnte. Alles spricht dafür, daß es hoch herging, vor allem, wenn über den Quai Victor Hugo sich noch Pascin näherte, leicht schwankend, die Zigarette zwischen den genußsüchtigen Lippen, den Hut schief über den melancholisch-lasziven Augen, umgeben von ein paar Damen, die auch nicht mehr nüchtern schienen. – Pascin, der Abgott von Montparnasse, der begnadetste «noceur», dessen katastrophales Ende für so viele Menschen, die ihn sehr geliebt haben, eine Trauer bedeutete, die sie nie wieder überwinden zu können glaubten. In einer Ecke sitzt der umgetriebene Altmeister Orlik und zeichnet jemanden, der vielleicht zufällig Purrmann ist und der ihn zur Strafe gleich wieder zeichnet. Draußen fährt ein Rennwagen vor, und warum sollte es nicht Derain sein, der aussteigt? Er ist es wahrscheinlich.

Diese *Sanary*-Sommer werden in die Kunstgeschichte eingehen (und vielleicht auch in die Cronique scandaleuse der großen europäischen Bohème). Ihre Stimmung ist einzigartig, denn die Gelächter der Café-du-Dôme-Leute mischen sich hier sehr merkwürdig mit dem Schmunzeln der südfranzösischen Spießer, die bei ihrem Apéritif an der Bar stehen. Die Frauen haben eine leichte und schöne Sommeruniform: weite Matrosenhosen,

Pyjama-Mode an der Côte d'Azur

runde Mützen, breitgestreifte Trikotsweater, die die braunen Arme nackt lassen. Diese wild aussehende Dame, die, von einem Matrosen, einem Trupp anderer schöner Frauen und Burschen gefolgt, daherkommt, ist Madame Renée Kisling; ihr berühmter Gatte ist einer der ungekrönten *Sanary*-Könige, ihr Haus und ebenso ihre Yacht sind Zentren dieses Ortes. Der kleine, geistreiche Balte, der dort drüben über ausgefallene literarische Leckerbissen spricht, ist der Zeichner Rolf von Hoerschelmann, eine der berühmtesten Schwabinger Koryphäen; und die lange Figur, die dort hinten naht, ist kein Geringerer als Aldous Huxley, dessen Romane richtunggebend für die junge englische Literatur sind, und kostbarster

Bestandteil der europäischen. Hier nennen ihn die Leute Uelex, weil es ihnen bequemer ist, es klingt eher münchnerisch, als provençalisch. Die Angelsachsen sind eine Clique für sich, die sich aber mit der französisch-deutschen gelegentlich berührt und vermischt. Sie ist im Trinken noch stärker, als die der anderen Nationen. Der Lyriker Campbell, der einen großen Namen bei seinen Landsleuten hat, soll darin das Phantastischste leisten.

Wenn man den Schauplatz und die Sensationen wechseln will, werden Ausflüge gemacht; nach *Bandol* vor allem, wo wieder andere Bars und andere Gesellschaft zu erwarten sind. Auch hier Bohème, aber smartere. Mehr Champs Elysées und Montmartre, als Montparnasse. Man zeigt sich die Mistinguette und den Chevalier; andererseits gibt es den gescheiten Wilhelm Herzog. Landschaft und Aussicht hier sind fast noch hübscher als in *Sanary*, trotzdem wird der Ort von den alten «Sanaryanern» furchtbar verachtet, er gilt als «bourgeois». Das ist Verleumdung. Um sich hiervon zu überzeugen, gehe man abends in die kleine Bar Fortuné Cadet (am Quai), die von der populären Madame Suzy geleitet wird und wo sich die flottesten Leute treffen. (Die Photos von Mistinguette und Chevalier hängen sich an der Wand gegenüber; die beiden sind aber auch gelegentlich selber dort.) Die Bar hat vielfarbig beleuchtetes Parkett und daher oft orgiastische Stimmung aufzuweisen. – Weitere *Bandol*-Attraktionen: das Restaurant La Réserve am Meer, wo man wirklich nett ißt und auch wohnen kann. Das Etablissement Lido (Richtung *Sanary*), an der Plage Dorée; das neu gebaute, ziemlich scheußliche Casino, eine leicht expressionistische Bahnhofshalle und meistens geschlossen. (Man hat es ins Meer hinaus gebaut, es soll auf einem Untergrund von Sardinenbüchsen stehen und schon etwas wackeln, so neu es ist.) – Empfehlenswert: Grand-Hôtel et des Bains (Richtung *Sanary*), etwas spießig, aber sehr solide geführt, mit schönem Meerblick, wunderschönem Garten, Tennisplatz. (60–70 fr. Pensionspreis.) (NB: nach Damen in Hosen dreht man sich im Speisesaal um.)

Zu diesem Komplex von Orten gehört auch *Cassis*. Es ist angelsächsischer, als die beiden anderen, darum aber nicht weniger munter. Michael Arlen ist eines seiner repräsentativen Gesichter.

Diese kleinen Orte bergen, während einiger Monate, so viel Berühmtheit, wie Hollywood oder die Künstlerviertel der großen Städte. Ihnen geschieht Ehre, denn es ist keine falsche Elite, die sich hier zusammenfindet. Die Konturen dieser Landschaft werden auf den Bildern von Derain und vieler anderer von der Nachwelt geliebt werden, wenn hier alles von großen Hotels zugebaut sein wird und die Bohème sich bis an den Kongo flüchten muß.

TOULON

Von *Sanary* gehen die Trambahn und Autobusse nach *Toulon*. Das ist gut für Menschen, die in *Sanary* wohnen, aber gern Matrosen, Kriegsschiffe, nette Restaurants am Quai, eine alte Kirche, einen bunten Markt und ein bißchen Abwechslung haben möchten. Wollen solche Menschen gar noch übernachten in *Toulon*, tun sie es wohl doch am besten im Grand-Hôtel, das komfortabel ist, ohne wesentlich teuerer zu sein, als das nächstbeste Victoria. Unten am Wasser, der Quai Cronstadt wimmelt von Matrosen, von flanierenden, singenden, schwatzenden Burschen, die ihres Landurlaubs froh sind. Sie sind Seele und Farbe des Städtchens, das, ohne sie, ein liebes Provinznest wäre, freilich mit schönen Plätzen, Gassen, Perspektiven. – Essen Sie doch unten im Restaurant Lyonnais zu Abend, dort kriegen Sie die Bouillabaisse besonders schmackhaft bereitet. Eine Dame führt das Lokal, wenn Sie Glück haben, verplaudert sie sich an Ihrem Tisch und erklärt Ihnen, die schöne Beleuchtung in der Form von gläsernen Schiffen

Hafen von Toulon, ca. 1930

sei von Künstlerhand geschaffen. Ihren after-Dinner-Cognak trinken Sie natürlich trotzdem nicht bei ihr, da gehen Sie schon lieber in eine von den Bars, aus denen die roten Quasten der Matrosenmützen locken. Es gibt deren viele, aber alle ohne Musik. Großen Trubel und das tolle Seemannstreiben, das Sie erwartet hatten, werden Sie wahrscheinlich gar nicht finden. Das war anders vor ein paar Jahren noch. Inzwischen muß höheren Ortes etwas geschehen sein, irgend etwas Verwarnendes. Die Kriegsmarineschule liegt schließlich in *Toulon* und muß auf ihren pädagogischen Ruf bedacht sein. (Besonders schön, alt, sehenswert das Tor des Arsenal Maritime, in der Rue d'Arsenal.) Schon um 10 Uhr am Abend schiffen die Blauen sich ein. (Wenn nicht gerade Ball ist, versteht sich, das kommt immer noch vor.) Zu hunderten finden sie sich am Quai Cronstadt um den Bronzegenius der Schiffahrt zusammen, die Mandel- und Salzstangenverkäufer sind auch zur Stelle, fast gleichzeitig lösen die schweren Kähne sich vom Ufer, die Matrosen fahren heim in ihre Kojen. Schauen Sie nur zu, wie die Nacht sie aufnimmt, es wird Sie lustig und nachdenklich machen, – so viele junge Leute, die Gemeinsamkeit ihres Lebens, die Romantik ihres Handwerkes, das Ziel, dem sie entgegentreiben, – Krieg. – Ein paar von ihnen bleiben zurück, Bündel unterm Arm. Sie ziehen es vor, auf festem Boden zu schlafen, in den Herbergen hinterm Quai. Arm in Arm spazieren sie noch ein bißchen herum, singen ein bißchen, saufen ein bißchen, aber die police ist streng. Nach zehn ist auch Gesang verboten, man verweist ihnen den ihren mit großer Härte. «Bah», sagen die Burschen, – «nous sommes des frères de la marine française!», aber doch schweigen sie still und machen begossene Gesichter. – Hatten Sie geglaubt, nun würde es erst losgehen? Nicht doch, nun gehen wir gerade schlafen. Wir suchen noch ein wenig, horchen in die Nacht nach Tönen einer entfernten Grammophonmusik, finden schließlich den Laden, aus dem sie dringen, treten gierig ein; ein alter Mann sitzt einsam auf dem Gang. «Was gibt's?», fragen wir lebenslustig, «was kann man trinken, tun und sehn?» – «Water Closets», sagt der Mann. Und das nun mit Grammophonbegleitung. – Was *Toulon* an Nachtleben bietet, ist auf das «Quartier privé» konzentriert (das Puffviertel – deutsch gesagt) – das nicht so romantisch-großartig ist, wie das von *Marseille*, dafür aber vielleicht von einem gleichsam – intimeren Reiz. Man verfehlt es kaum, wenn man vom oberen Ende des Boulevard Strasbourg rechts abbiegt.

Am Morgen gibt es Markt auf der Rue Lafayette; Stoffe, Obst, Spielsachen, Stiefel, – ein südliches Durcheinander von Farben und Gerüchen. Und am Nachmittag ist Bummel auf der Place de la Liberté. Kleinstadt mit ein paar Fremden, überall im Gedränge die blauen Anzüge der Matrosen.

Eine Oper haben wir und ein Theater auch. Garagen haben wir, aber die Leute von *Toulon* mit ihren Citroëns belegen die meisten von ihnen ganz. Gehn Sie doch in die am Ende des Boulevards, sie ist die größte und besitzt zudem ein eigenes Reparaturatelier mit freundlichen, gewiegten Monteuren. Abends nach 8 Uhr hält es schwer, *Toulon* in Richtung *Sanary–Bandol* zu verlassen. Weder Eisenbahn noch Autobus helfen einem dabei, man übernachtet, notgedrungen, in *Toulon*.

ZWISCHEN TOULON UND CANNES

Hyères ist der erste Ort größeren Stils, wenn man von Richtung *Marseille-Toulon* kommt. Er gilt als der älteste Winterkurort an dieser gesegneten Küste. Madame de Sevigné, Chateaubriand, Lamartine, Michelet, Maupassant und Paul Bourget sollen sich dort schon amüsiert und erholt haben, weiß Gott und vorher vielleicht schon die Kreuzritter. Heute ist es mehr still und fein und sehr angelsächsisch. Das Klima ist vielgerühmt, wegen seiner Trockenheit und zarten Milde; alte Damen mit phantastischen Bankguthaben genießen es, indem sie mit dunklen Sonnenschirmen den Boulevard Jean Jaurès und die Avenue de Belgique hinunterspazieren. Am Boulevard Carnot machen sie beim Grand Casino halt, was ein sehr gutes und respektables Grand Casino ist. Sie wohnen in Hotels, die ihrem Stand entsprechen: im Golf Hôtel, im Hôtel des Palmiers oder Chateaubriand-Britannique, zahlen 300 fr. fürs Zimmer und spielen Ewigkeiten lang Bridge in der Hall. – Wer Golf spielen will, und das wollen so manche, hat dazu glänzende Gelegenheit, denn es bieten sich zwei großartige Terrains, jedes mit ganzen 18 Löchern. Dazu 20 Tennisplätze und ein Erholungsheim für Kinder.

Dieser zivilisierte und milde Ort bringt die schönsten Rosen, Artischocken, Trauben und Zitronen hervor, so daß sowohl Kompott als Parfüm hergestellt werden kann und es eine erhebliche Ausfuhr gibt. Manch geistreicher Mensch lebt noch heute in diesem gedeihlichen Klima; der Dichter Jules Romain hat die Villa, die er dortselbst besaß, erst unlängst abgestoßen, und in der Nähe haben die feinsten Herrschaften ihre Niederlassungen. So der Comte de Noailles, den man aber zur Zeit nicht besuchen darf, denn düstere Wolken des Skandals umgeben sein Haupt. Er hatte das Pech, einen surrealistischen Film zu finanzieren, in dem eine nackte Dame aus einem Taxi über die Hostie sprang und sich andere Unziemlichkeiten begaben, so daß es in Paris großes Ärgernis setzte. Einen zweiten Film, für den er auch verantwortlich ist und der keinen Geringeren als Cocteau zum Urheber hat – «La vie du poète» –, will er nun gar nicht vorführen lassen, wenngleich er gewiß viel schöner und unschuldiger ist.

Reizvoller als *Hyères* selbst ist eigentlich Costebelle, ein parkartiger Vorort, der südlich und dem Meere näher liegt. Dort tut man einen ehrfurchtsvollen Blick in das prachtvolle Hôtel d'Albion, das beinahe ausschließlich von besseren englischen Herrschaften bewohnt ist und nicht anders eingerichtet, denn ein gediegener Landsitz (mit Bar und herrlicher Terrasse). Draußen die grüne Tiefe des Parks, und neben der englischen Kapelle der Golfplatz. Es ist eine Idylle, aber aus verschiedenen Gründen bleibt man nicht sehr lang.

Gegenüber liegen die Inseln *Porquerolles*, die Joseph Conrad in einem seiner Romane verewigt hat, und *Port-Cros*, wo man besonders schön badet und landschaftliche Eindrücke hat, von denen manche behaupten, daß sie an die Südsee erinnern. Herrliche, unverdorbene Wälder.

Die Küste hinter *Hyères* heißt *La Côte des Maures*. Sie hat einen eigenen Reiz und ist von konventionellen Reisenden weniger überlaufen. Riviera-Spezialisten ziehen sie oft allen anderen Gegenden der azurenen Küste vor. Viele reiche Leute, die sich in der Welt recht gut auskennen, haben hier ihre Villen; wir erwähnen als Exempel den luxemburgischen Industriellen Meyrisch, der in der Nähe von *Bormes* seine Besitzung hatte.

Bormes ist wohl der hübscheste Flecken dieses Striches; altes Städtchen, voll winkeliger kleiner Überraschungen. Drum herum liegen Berge und man kann zu einer Burgruine spazieren. An der Hauptstraße sieht man, wenn man Chance hat, ein altes Weiblein sitzen, das in der Gegend hochberühmt ist, weil es allen Bauersleuten die Regenschirme flickt. Sie tut's mit zauberischer Geschicklichkeit und hat etwas von einer nützlichen alten Hexe. – Wenn man sich sonst mit diesen Bauersleuten unterhält, erfährt man, daß der Wein hier so reichlich gedeiht, daß es schwer hält, ihn loszuwerden; man mußte den ganzen Betrieb vertrusten, um den großen Segen en masse und viel billiger abzugeben. – Der Bürgermeister von *Bormes* soll organisatorisch sehr geschickt sein und das repräsentative Hotel, das sein Städtchen aufzuweisen hat, das Grand-Hôtel, das sich sehr poetisch Pavillon de l'Orangerie nennt, gilt als erstklassig.

Die Orte, in denen es wieder viele und gute Hotels gibt, heißen *Le Lavandou, Cavalaire, Le Royal* und *La Croix. Le Royal* gilt für den schönsten von diesen, aber *Cavalaire* und *La Croix* sind auch recht liebliche Winkel. *Le Lavandou* ist bei den Deutschen am bekanntesten, wahrscheinlich weil das Hôtel de Provence einen so besonders netten Blick auf den kleinen Fischerhafen bietet und Sandstrand ziemlich nah vor der Tür; und sehr anständige Zimmer für 60 fr. (mit Verpflegung), und unten noch dazu eine Bar, die wohl das ist, was man lauschig nennen möchte.

Beauvallon und *Saint-Tropez* gehören zu den Orten, über die das Eigentliche in den Führern nicht steht. *Beauvallon* wird, *Sanary* gleich, mehr und mehr Zentrum internationaler Intellektueller, nur mehr auf Literatur als auf Malerei spezialisiert, vor allem auf englische; übrigens auch auf Theater, sogar Professor Reinhardt soll dort gewesen sein. Die Colette und Edmond Fleg haben dort ihre Häuser, van Dongen und Foujita sind oft dort zu sehen. Daß in *Saint-Tropez* auf dem Quai Suffren das Standbild des Herrn Vizeadmirals Bailli de Suffren steht, der sich, einem unnachprüfbaren Ondit zufolge, im Seekriege gegen die Briten ausgezeichnet haben soll, als es noch keine Entente cordiale gab, ist gewiß nicht das Interessanteste an diesem schönen Platz; nicht einmal, daß im Monat Mai «les curieuses fêtes de la Bravade» «ungezählte Besucher herbeiziehen» und daß diese kuriosen Feste schon seit 400 Jahren veranstaltet werden. Das Wichtige vielmehr ist, daß *Saint-Tropez* zu den Nestern gehört, auf welche die Eingeweihten tippen; daß sich dort im Sommer ein ganz bestimmtes und recht amüsantes Publikum zusammenfindet; Stil *Sanary* (will sagen: Montparnasse); nur nicht so angelsächsisch-deutsch-slawisch, sondern reiner französisch (wenn auch keineswegs rein). Dieselben Frauentypen mit den gestreiften Trikotsweatern, dieselben Maler, die teils die Landschaft, teils einen Fischerknaben oder eine Amerikanerin abkonterfeien, sei es in Kuben aufgelöst, sei es auf neue Sachlichkeit; alles noch exzentrischer als in *Sanary*, noch karnevalshafter. Der belebteste Tag, wo es hier am angeregtesten zugeht, ist Donnerstag. – Man muß es diesen Leuten lassen, daß sie einen Riecher haben. *Saint-Tropez* ist ein reizender Flecken, mit engen Gassen, hübschen kleinen Plätzen und man kann von dort aus schöne Ausflüge ins gebirgige Hinterland machen. Im Sommer soll der Wassermangel sehr peinlich sein. Man lebt billig, in den kleinen Restaurants am Quai und hinten, in den Gassen, ißt man anständig für wenig Geld. Im Hotel-Restaurant de Provence kocht die Patronne selbst, so daß es häuslich und gediegen schmeckt. Im Kaffeehaus hängen Bilder, mit denen junge Maler ihre drinks bezahlen, die sich angesammelt haben; einige von den Bildern sind noch naß, und nicht alle ganz schlecht. Ein dicker Louis XIV. sieht auf dem Hauptplatz dem leichtsinnigen Treiben gutmütig majestätisch zu.

Er hat nur ein paar Sommermonate lang was zu sehen, denn das übrige Jahr ist der kleine Hafen ganz eingeschlafen und provinziell. Mit der «Saison» an der Riviera ist es überhaupt eine komplizierte Sache. Wir bemerken dies bei der Gelegenheit ganz allgemein. Sie verschiebt sich, alles in allem, nach dem Sommer zu, sehr elegante Orte, wie *Cap d'Antibes* und *Juan-les-Pins* sind während des Winters fast still. Der Januar ist beinahe nur Engländersaison, deshalb ist *Hyères* in diesem Monat so belebt. *Cannes* fängt erst im Februar an, seine wahre Pracht zu entfalten, legt aber ebenso viel Wert auf seine Sommerseason.

Nizza hingegen ist im Sommer ziemlich tot, während es zur Karnevalszeit seinen größten Trubel hat. Man muß dafür Instinkt haben, in welchem Ort es wann gerade richtig ist. Wenn man im Januar nach *Sanary* oder *Saint-Tropez* kommt, wird man einen weltvergessenen Winkel finden, wo es, ein paar Monate später, von Menschen wimmelt. Die Côte d'Azur hat es aber so weit gebracht, daß irgendwo eigentlich immer was los ist. Höchstens die Monate November-Dezember fallen aus.

Dies ist die Gegend, wo Sie Grundstücke kaufen sollten. Erstens, weil Ihnen zu wünschen ist, daß Sie dort sich anbauen dürften, zweitens weil Sie gewiß nicht uneben spekulierten dabei. Dieser Strich wird sicher steigen im Preis, während der kommenden Jahre. Er hat den Vorteil, Ruhe und Ländlichkeit mit der mondänen Nähe von *Cannes* etwa zu verbinden. (Sie fahren 40 Minuten mit dem Auto von *Ste. Maxime* bis *Cannes*.) Das Kasino von *Ste. Maxime*, wo, nebenbei gesagt, Victor Marguerite, der Erfinder der «Garçonne», Stammgast von St. Maxime, aus und ein geht, eröffnet erst im März, vom Herbst bis zum Frühling ist wenig los in Straße und Kaffeehaus. Das Hotel Bon Repos ist nett, auch das Grand-Hôtel, am meisten Modernität werden Sie im Hôtel la Résidence finden, das, einsam gelegen, in Richtung *St. Aygulf* seine elegante und kahle Front zeigt und über 100 Badezimmer verfügt. Leider trennt die Autostraße dieses Hotel vom Meer und ähnlich ist es mit den Grundstücken dort in der Nähe. Wenn Sie Wert darauf legen, in Meeresgrundstücken zu spekulieren, müssen Sie's ein bißchen weiter, bei *St. Aygulf*, tun, das auch im übrigen allerhand für sich hat: besonders feinen Sandstrand, die Monts des Maures als Rückenstaffage, und ein fesches Grand-Hôtel. Aber zu beneiden sind Sie wegen des Gartens, den Sie bei *St. Aygulf* sich anzulegen einfallsreich genug sind. Boden und Klima begünstigen Ihr kleines Vorhaben hier besonders. Sie werden Mimosen haben, Myrrhen, Rosen, Eukalyptus sogar, um Bonbons draus herzustellen. Und im Januar schon fangen Ihre Tulpen an. Sie können lachen.

Werden wir andächtig, rückgewandt und gebildet, denn wir nähern uns *Fréjus*, wohl wissend, daß wir es dabei mit dem uralten Forum Julii (Caesaris nämlich) zu tun haben und mit einer Siedelung aus dem Jahre 49 vor Christus. Daher also das Amphitheater (man erzählt uns, daß dort Aufführungen stattfinden, Legendenspiele und dergleichen. Sogar von richtigen Stierkämpfen munkelt man; ob da was Wahres dran ist?), – daher die Aquädukte und die Porte des Gaules. Zum Wohnen können wir Ihnen *Fréjus* nicht empfehlen, so rückgewandt und gebildet sind wir wieder nicht, und höchstens unten, *Fréjus-Plage*, käme für Sie in Frage. Aber die Kathedrale dürfen Sie anschauen, sie ist romanisch und wohlerhalten, – am großen Übungs- und Landungsplatz der Seeflugzeuge mögen Sie Ihr Wohlgefallen finden und das Hauptlager der schwarzen Truppen, nicht weit hinter *Fréjus*, steht Ihnen offen, die bunten und dunklen Menschen marschieren Ihnen auch ohnedies in vielen Trupps auf der Straße entgegen, während Sie nach *St. Raphaël* den Weg suchen.

Das waren so mehr die kleinen, feinen, stillen oder bohèmefrequentierten Orte. Aber jetzt wird's elegant. *St. Raphaël*, bei Angelsachsen hochbeliebt, richtiger, stattlich-altmodischer Rivieraort, mit Palmenpromenade, vielen schicken Hotels und guten Läden, der erste seiner Art vor *Cannes*. – Kommen Sie mit ins Kasino? Es ist neu und wunderbar schön, wir werden alles dort haben miteinander, wollen Boule und Bakkarat spielen, Tee trinken, Abend essen, an der Bar sitzen, Aussicht genießen. Das Publikum wird uns nicht rasend interessieren, es ist von einer gemäßigten und konventionellen Eleganz, weniger apart als das von *Saint-Tropez* etwa und nicht so reich wie das von *Cannes* (in der Saison, zuweilen). Für den Fall aber, daß Sie trotzdem bleiben wollen, soll es Ihnen gewiß an nichts fehlen. Alle Sports warten darauf, von Ihnen getrieben zu werden, – Tennis, Golf, Kricket, Sie werden Theater haben, Konzerte, einen englischen Tea-room und einen Blumenladen, namens Morini, der allein Ihren Aufenthalt motivieren könnte. Ein Zauber, Morinis

St. Raphaël, ca. 1920

Schaufenster und das zu allen Jahreszeiten! Da Sie ziemlich preiswert wohnen, können Sie ja alles kaufen, was das Herz begehrt. Das Hotel Napoléon unten am Hafen ist neu und Sie kriegen für 40 fr. dort schon ein Zimmer. Oder Sie gehen ins Grand-Hôtel de Fréjus-Plage, zwischen *St. Raphaël* und *Fréjus*, wo Sie dasselbe zahlen und noch stiller untergebracht sind. Beau Rivage, Continental und wie sie alle heißen, – sie sind sämtlich gut geführt, angelsächsisch besucht und durchaus empfehlenswert. – Essen Sie gern italienisch? Aber da gibt es doch am Boulevard Felix Martin ein sehr nettes Restaurant italien, wo

Sie es billig tun können; in derselben Straße übrigens The Rabbit, wo es uns immer ausgezeichnet schmeckt. Ich möchte nicht, daß Sie krank wären, – wenn Sie es dennoch ein bißchen sind, wird *St. Raphaël* Ihnen guttun. Die Luft hier gilt als ganz besonders mild und zuträglich, außerdem sitzen viele und berühmte Ärzte dort zu Ihrer Verfügung und warten auf Sie mit ihrer Höhensonne. (Mit einer ganz besonders seltenen und vorzüglichen Höhensonne, – wie es eine solche nur einmal in Frankreich gibt, behaupten die Leute von *St. Raphaël*.)

Was an *St. Raphaël* so sehr hübsch ist, scheint uns aber seine Umgebung zu sein. Das *Estérel-Gebirge*, wissen Sie? Und diese kleinen Siedelungen, – *Valescure, Boulouris, Camp Long*, unten an der Küste. Dort, in *Camp Long*, sind die reizendsten Landsitze aufgebaut, die schönsten Gärten. Deutsche wohnen auch hier nicht viel. Aber, wie man uns sagt, hat die große Porzellansammlerin Hermine Feist sich ein Grundstück gesichert, das sie mit Haus, Gästen und der berühmten Kakteenzucht beleben wird. Gewiß werden andere, die was verstehen, ihrem Beispiel folgen.

Soll ich Ihnen die Orte alle sagen, die zwischen *St. Raphaël* und *Cannes* sich auftun? Aber ich fürchte, Sie zu langweilen. Erlauben Sie nur noch: *Agay* (weil's halt den schönen Sandstrand hat) und *Le Trayas* (wegen der Auswahl, die Sie da finden: Sie können unten bleiben, am Meer, oder hinaufklettern ins obere *Trayas,* in die Felsen des *Estérel-Gebirges,* wo der Blick wunderbar ist).

Ich halte glatt für möglich, daß Villenniederlassungen Sie überhaupt nicht interessieren. Sie möchten direkt nach *Cannes* von *St. Raphaël* aus, mein Gott, es ist nur natürlich. Darf ich Ihnen da noch was dreinreden? Fahren Sie obenherum. Nehmen Sie die Straße durchs *Estérel-Gebirge.* Sie ist ausgezeichnet in Stand und von überraschender Großartigkeit. Hatten Sie geglaubt, daß solche Schluchten, Gipfel, Felswände hier zu haben wären? Und immer zwischen den Bergen die Bläue des Meeres.

Nebenbei: Überall hier, die ganze Küste entlang, verkehren Autobusse, die elegant und gutgefedert sind. Sie zu benutzen kostet nicht viel und Sie werden von der Landschaft mehr haben, als wenn Sie Eisenbahn führen.

CANNES

Wenn Sie sich *Cannes* nähern, treffen Sie auf der Autostraße ein bescheidenes weißes Schild, das auf die Agence Rolls Royce hinweist, die es dort gibt. Das ist ein sehr schwerwiegendes Symptom, denn, wie Sie wissen, macht diese Firma sich gewaltig rar. In *Cannes* aber findet sie sich am Platze.

Der Luxus ganz großen Stils wird mehr und mehr zur Legende. Die Großfürstin mit den Perlen, die zwei Provinzen wert sind, ist Vorkriegsspuk. Die elegante Welt, die mit blasierter Miene zehntausend Mark täglich verausgabt, flüchtet sich mehr und mehr in die Zeitschrift gleichen Namens, wo sie in der Rubrik «Sprechen Sie noch?» ihr schattenhaftes Dasein weiterführt. In Ägypten, oder in Sankt Moritz, findet der kleine Moritz vielleicht noch am ehesten die Idealgestalten, von denen er so lange geträumt hat. An der Côte d'Azur, so viel ist sicher, werden sie immer seltener. Mittlere bis kleine Bourgeoisie und «Künstlervölkchen» teilen sich mehr und mehr in die vielgeliebte Küste. Nur einige wenige Plätze bleiben der Welt vorbehalten, die sich selber die Welt – le monde – nennt. *Cannes* gehört ohne Frage zu diesen. Es steht immer noch und nun schon ziemlich lange auf der ungeschriebenen Geheimliste der Orte, wo «man» hingehen kann. Lord Brougham soll es für die englische Aristokratie eingeführt haben; (wofür die Bürger von *Cannes* ihm mit einem Standbild danken.) Seitdem ist diese (die Aristokratie Britanniens) der «Perle de la Riviera», der «Reine des Sports» treu, und mit ihr die Aristokraten und Plutokraten des übrigen Erdballs. Wenn Sie im Februar in den Bakkaratklub des Casino Municipal von *Cannes* eintreten, ist der lange, grauhaarige Herr, der Ihnen gewiß weiter nicht auffiele, eben wirklich ein skandinavischer König, und dieser mit dem Menjouschnurrbärtchen einfach selber Menjou; und dieser, der sich gerade beim Spielen so ärgert, der Baron Rothschild, und diese etwas verhutzelte kleine Dame eine Vanderbilt, und dieser schlagflüssige Papa ein holländischer Kaffeemagnat. Alle Träume des kleinen Moritz gehen in Erfüllung; wir aber gönnen uns vorläufig noch einmal Urlaub und verlassen dieses gemütliche kleine Kasino.

Tuen wir vorübergehend so, als wenn *Cannes* nicht auf jener mystischen Liste der «monde» stünde. Es ist ein sehr nettes südfranzösisches Hafenstädtchen, mit fast 50 000 Einwohnern (was es vielleicht eines Tages wirklich wieder sein wird). Ignorieren wir die

Cannes, Blick vom Strand

Croisette, die blendende Promenade am Meer, sie wird uns später noch genug zu schaffen machen; ignorieren wir sogar die Rue d'Antibes, die Geschäftsstraße, die, im Innern der Stadt, parallel zur Croisette läuft; und wir finden das ganze Gewimmel von nicht ganz sauberen Plätzchen und Gäßchen, das wir in allen diesen Hafenstädten kennengelernt und geliebt haben.

Wir wollen nicht aufdringlich sein: speisen Sie denn also wohlgemut mit Ihrer Dame im Café de Paris zu Abend, oder in den Ambassadeurs, für 600 fr. Aber wissen Sie, zum Beispiel, daß es dort, gleich am

Hafen, ein kleines Hotel-Restaurant, Le Coq Hardi gibt, wo Sie für 30 fr. Zimmer mit der vollen Pension bekommen? Freilich, das Essen ist entschieden besser als die Zimmer. Aber wegen eines Käse-Soufflé, das die Madame vom Coq Hardi zubereitet, lohnt es sich, hier Station zu machen.

Cannes hat viele Gesichter. Schauen Sie doch in die kleine Austernstube Le Caveau (auch ziemlich in der Nähe des Hafens), wo Sie für ein paar Francs frische, wenn auch etwas grüne huîtres bekommen: so was an verräucherter Gemütlichkeit war ja noch gar nicht da, das ist schon direkt Rothenburg ob der Tauber.

Werden wir von Mahlzeit zu Mahlzeit etwas schikker. Gehen wir, um den Hafen herum, zum Boulevard Jean Hibert, wo der Sandstrand anfängt, und, weil die Sonne so großartig scheint, setzen wir uns vor dem Restaurant La Marjolaise ins Freie (vor uns ganz blaues Meer). La Marjolaise hat so ein gewisses kleines «avec»; drinnen ist es nicht ohne künstlerischen Anspruch eingerichtet, ein paar gute moderne Zeichnungen hängen hinter der Bar und die Dame, die hier schaltet und waltet, ist die Schwester des berühmten Moïse, von dem wir Ihnen später noch erzählen, – zusammen mit einer anderen sehr angeregten und charmanten Frauensperson, mit der wir Ihnen zu plaudern empfehlen. – Neben der Marjolaise ein Antiquitätengeschäft, in das man eintreten sollte, denn die schönen Sachen kosten gar nicht so viel, wie man es pessimistisch erwartet. Sehr vorzüglich ist das Restaurant L'Oustallet (elegant – provençalischen Typus'), hinterm Hôtel Majestic.

Obwohl wir doch gerade erst in *Cannes* angekommen sind, schlagen wir Ihnen doch schon einen Ausflug vor (alles wegen der großartigen Sonne), Richtung *St. Raphaël.* Wir kennen diese Straße am Meer und überm Meer noch nicht, mit ihren unvergeßlich schönen Blicken, weil wir doch übers Gebirg gekommen sind. Unterwegs machen wir im Restaurant Miramar halt, das einsam liegt und eine Aussicht hat, wegen deren es sich verlohnte, stundenlang Auto zu fahren und wo man obendrein noch gut ißt. Aber nachmittags sind wir wieder in *Cannes.* Sie haben sich ja noch gar nicht endgültig wegen des Hotels entschieden.

Wie soll man Ihnen da raten? Die Croisette entlang lockt ihre pompöse Reihe: Majestic, Carlton, Martinez (Martinez ist das neueste, erst gerade fertig geworden). Über dem Café de Paris das Hôtel Edouard VII., etwas intimer. Auf der anderen Seite des Hafens Beau-Site, Du Parc, De la Californie – sollen wir weiter aufzählen? Sich für einen Luxuskasten zu entscheiden, dazu gehört weniger Phantasie, als all das Geld, das wir Ihnen von Herzen gönnen und das Ihnen hoffentlich in diesen zweifelhaften Zeiten erhalten bleibt (ist aber gar nicht gewiß!). – Vielleicht geben wir Ihnen einen netteren Tip, wenn wir Ihnen sagen, daß eine Minute hinter dem Boulevard Jean Hibert, gegenüber dem Tanzetablissement Les flots bleus sich eine kleine Pension findet, die Belle Plage heißt und anständig ist. Ein mittleres Hotel, in dem Sie sich ausgezeichnet aufgehoben finden werden, ist das George V., Rue des Serbes, Ecke Rue d'Antibes.

Nun müssen wir aber endlich die Croisette ein bißchen näher in Augenschein nehmen. Hier zum Beispiel das neue Gala-Bureau der P. M. L., das sie zusammen mit Cook eröffnet haben: doch entschieden ganz groß ... Sind Sie so unruhig, weil Sie unbedingt erst Tee im Kasino trinken wollen? Es ist ja unsere Pflicht, Sie überall hin zu begleiten, aber beim Tee wird es gewiß recht langweilig sein. Es kostet 6 fr. Eintritt und dann verlieren Sie zwangsläufig noch 25 fr. an einem der Bouletische, denn Sie gehören zu denen, die sich in Kleinigkeiten nicht beherrschen können. Dafür sehen Sie, wie schön das Kasino in seiner neuen Aufmachung ist. Im Ambassadeurs-Restaurant ist schon zum Abendessen gedeckt, aber in der großen Halle wird Tee geschlürft. Das wäre nicht so gefährlich, wenn nicht oben, auf der geräumigen Bühne, die anderer Darbietungen würdig wäre, einige Damen fast ununterbrochen tanzten, sei es als Elfen, sei es als Spanierinnen. Sehen wir lieber nicht hin. Aber was sollen wir tun, wenn nun der Herr im Smoking kommt und unbarmherzig «O wie so trügerisch» singt. Das Schönste an diesem Aufenthalt ist der Blick durch die großen Fenster des Kasinos auf die alte Stadt, deren Konturen schwarz gegen einen glasigen Himmel stehen.

Dort die große Pforte führt zum Opernhaus des Etablissements, wo oft mit Niveau musiziert und getanzt wird; die andere zu dem teppichbelegten Korridor, wo in Glasvitrinen die Luxustäschchen schimmern, und der, am Restaurant der Ambassadeurs vorbei, zum Heiligtum des Bakkaratklubs führt. Hier sitzen etliche unwirsche Männer Wache, die keinen reinlassen, der sich nicht sehr genau ausweisen und ziemlich viel zahlen kann. Drinnen aber schäkert der König von Dänemark mit Chaplins geschiedener Frau, während eine Princesse Murat hysterisch weinend ihre unersetzlichen Rubinohrringe dem Croupier hinschleudert, der sie einfach einkassiert. Wenn wir, zum Beispiel, in der schlichten Konditorei Rohr (Rue d'Antibes) Tee getrunken hätten, wo es so wundervolle Kuchen gibt, hätten wir es billiger und eigentlich netter gehabt.

Kommen Sie jetzt endlich mit auf die Croisette? Da bin ich aber froh und, bitte, begleiten Sie mich zu Hermès. Ich finde nämlich, daß Hermès der schönste Laden ist, den wir da haben, weil ich Ledersachen liebe und Sportsachen aus Wolle und Stoffen von feinster Rauheit und äußerster Schlichtheit. Daß diese Tausende von Francs kosten bei Hermès, schadet ja nichts, wir sind reich. Vielen Dank, ich nehme den kleinen Ledergürtel zu 750 fr. gern von Ihnen zum Geschenk, er ist geflochten und mit glatten Metallplatten besetzt, so daß er einziger Schmuck eines grauen Kleides aus Sackleinwand sein kann. Darf ich Ihnen das Jäckchen dort als Gegengabe bieten, das kurze blaue, das beinahe geschnitten ist wie ein Salzburger Bauernjanker? Dafür kostet es auch 900 fr. und Sie machen einen guten Tausch mit Ihrem billigen Gürtel.

Hermès ist eines der ersten unter den Geschäften an der Croisette, um derentwillen ich Sie vom Kasino fortlockte; von nun ab kommt Schlag auf Schlag. Für echte feine «Shopping»-Damen muß es ja ein Fest sein und eine Aufregung, diese Straße hinunter zu flanieren. Kein Haus, an dem einfach vorbeizugehen möglich wäre, – keine Stadt der Welt, in der die Wunderfirmen der Eleganz, der Pracht und des Wohlgeruchs so glänzend vereint, so mühelos zu genießen sind. Edelsteine, meine Damen! Ganze Teeservices aus Edelsteinen. De Royat, unweit von Hermès, hat eins aus Achat. Schokolade, meine Kinder! Die der Marquise de Sevigné schmeckt wie Himmelsbrot; – Stoffe, meine Herren! Mr. Wordly unter den Arkaden zeigt Ihnen unverwüstliche und schneidet sie Ihnen zu, daß Sie aussehn wie der Prince of Wales darin.

Diese Arkaden, meine Herrschaften, überhaupt!

Sie müssen sich denken: in der Mitte der Teetempel, ein Pavillon, in dem Sie Musik und Nachmittagsmusik kriegen, drum herum die schönsten Blumen, die vorstellbar sind («Arcades Fleuries», das Ganze!), und im Säulengang, der die Idylle rahmt, die Edelläden gereiht: Der Schönheitssalon der Madame Rubinstein («Londres, Paris, New York» steht aufregend hinter ihrem Namen vermerkt), – belgische Wäsche und Spitzengeriesel, – orientalische Möbel, Aline's Hütchen, ein Hundeutensiliengeschäft (U. P. A.-Union zur Beschützung der Tiere), wo Sie alles kaufen können für den Ihren, – Halsbänder, Decken, kleine Anzüge. Elisabeth Arden winkt mit Creme und Säftchen, dicht dabei bietet ein Photographenatelier seine Spezialität: vergrößerte Photographien auszuschneiden und mit kleinen Stützen zu versehen. Lassen Sie sich aufnehmen, im Säulengang, Sie werden dann, wie lebend, dort im Schaufenster stehn. Kaufen Sie aber vorher Ihren Sports-dress bei Barcley, Rue d'Antibes, damit Sie uns keine Schande machen. – Ich zeige Ihnen rasch noch Weil's feines Pelzgeschäft an der Croisette und Mauboussin's Vorrat an Geschmeide. Augenblicklich sind es Krawatten aus Juwelen, die er feilbietet, und die von kleinen Juwelenkragen gehalten sind. Nicht weit davon hat Worth sich aufgetan, er möchte uns unscheinbare bunte Sweaterchen verkaufen, die wir alsdann mit dem schweren Parfüm tränken mögen, das er für uns fabriziert. In seinem Schaufenster liegt beinahe nichts. Die Manier dieser sagenhaften Firmen, gleichsam mit Symbolen zu arbeiten, hat in der «Politischen Novelle» Bruno Frank endgültig charakterisiert:

«Ein eigentümlicher Geschmack bestimmte die Auslagen: als höchste Feinheit zeigte sich überall die Andeutung, die Vereinzelung, die Dürre ... Da stand im Fenster des Parfümeurs über einem chinesischen Schal ganz einsam ein einziger Flakon mit goldener Flüssigkeit. Dies waren Tempel für Eingeweihte, ein durchdringender Snobismus stieg aus allen Fenstern den beiden Männern entgegen, die ihre Gesichter im Gehen dieser Leere zugekehrt hielten.» ...

Chanel! Guerlain! Lenvin! Molyneux! Sind Sie nun erschlagen? Noch nicht? Patou! Jetzt? – Greco hat Schuhe, die Fetischisten zeugen müssen. Julienne zeigt Sandaletten, für die man auf der Stelle einen Strand baute, gäbe es nicht den schönen hier. Das Herrengeschäft Seymour, die Kappen und Turbans der Guy, die Kleidchen der Maison Aline, – es ist verwirrend für die shopping-Dame.

Aber auch hier, wo man sie nicht vermutet, hat die «Wirtschaftskrise», dieser dunkle Begriff, mit dem man heute schon Schulkinder ängstigt, ihre dürren Finger. Undurchsichtig blau ist manches Schaufenster zugemalt, in dem noch vor kurzem Symbole von höchstem Anspruch sich spreizten, – Bankerott

Cannes, Casino Palm Beach, ca. 1930

und Pleite sogar hier. Sogar hier übrigens auch Geschmacklosigkeit. Immer zwischen den edlen Läden andere, die alles führen – Glasperlen, Goldrahmen, Teppichzeug und Andenken. Das ist für die wilden Amerikaner. Der Inhaber eines solchen Ramsches zeigte uns bekümmert Zigarettenetuis aus Silberblech, die mit buntem Glas ausgelegt waren. Preis 12 fr. Ein Herr aus Amerika habe gestern 50 Stück gekauft, als Mitbringsel gedacht. Sie kosten ihn soviel, wie uns ein perlmutterner Manschettenknopf von Worth. Aber den behalten wir auch für uns.

Und abends?

Wir haben nun auf jeder Landstraße zwischen Paris und der Riviera das Schild gesehen, welches das Palm-Beach-Casino als «une merveille» anpreist. Gehen wir also hin, es liegt etwas außerhalb von *Cannes*, Richtung *Golf-Juan*. Wenn wir im Januar sind, werden wir es noch geschlossen finden. Damit verlieren wir nicht viel, denn auch in geöffnetem Zustand ist es nichts als ein konventioneller Vergnügungspalast durchaus kalifornischen Stils. (Es ist sehr amüsant zu beobachten, wie die französische Riviera, die lange Zeit von Kalifornien bis auf die Namen kopiert wurde, nun damit beginnt, Kalifornien bis auf die Namen zu kopieren. Dies nebenbei.) – Gegenüber wird ein Restaurant La Toque Blanche eröffnet, das sich selber als Genre Prunier empfiehlt und auf seine Fischspezialitäten hinweist.

Auf dem Rückweg nach *Cannes* kommen wir am Château Madrid vorbei, das, etwas hinter der Croisette, ziemlich an ihrem Ende liegt. Es zerfällt in zwei Lokale, eines unten, bei der Garage, in dem harmlos geschwoft und Bier getrunken wird (Bière de *Monaco*, – ausgezeichnet, kommt aber nicht aus München, sondern aus dem vielumstrittenen Fürstentum); eines oben, im ersten Stock, ziemlich anspruchsvoll, mit guten Attraktionen, Sekt, Smoking und Smokingpreisen.

Das amüsanteste unter den smarten Lokalen ist der Bœuf sur le toit, der jenem Monsieur Moïse gehört, auf den wir schon anspielten. Er ist der Besitzer des Bœuf in Paris, außerdem des Grand Ecart und der Enfants terribles. Die Namen all seiner Lokale stammen von Cocteau, der ehemals auch der Schutzpatron und Stammgast des Bœuf gewesen ist, inzwischen freilich ziemlich andere Wege wandert. Cocteaus Photographie hängt auch an der Wand des Bœuf sur le toit in *Cannes.*

Alle Moïselokale haben dieselbe Atmosphäre von arrivierter Halbwelt, versnobten Intellektuellen und exzentrischer Aristokratie. Es ist eine ziemlich penetrante Atmosphäre, wer sie mag, mag sie; manchem macht sie für fünf Abende des Jahres Spaß. – Es ist lustig, festzustellen, mit was für primitiven Mitteln Moïse wirkt und stark wirkt. Der Bœuf ist vollkommen in Schwarz gehalten, mit Lampions statt Lampen und viel Spiegelglas. Das ganze ist von einer gewissen eleganten Düsterkeit, mit schwarzem Wachstuch, blinkenden Glaskugeln und einer hinreißenden Negerkapelle. Das Publikum: pikant und würzig gemischt. Zwischen Damen in phantastisch kostspieligem Putz kann man eine schrullige Amerikanerin tanzen sehn, ohne Strümpfe, mit einem kurzen Nachmittagskleidchen von vor drei Jahren, wozu sie ein merkwürdiges Paillettenjäckchen trägt, verstrubeltes Grauhaar über dem eigensinnigen alten Gesicht. An der Bar, in Fachgespräche vertieft, aber mit wachsamen Augen, die lieben Gigolos, die übrigens hierzulande unter ganz besonderem Schutze stehen. Es ist den weiblichen Besuchern der Lokale nicht erlaubt, zusammen zu tanzen. Tun sie es unerfahrenerweise doch, naht sich sogleich der Manager mit seinem «Interdit, Mesdames». Auf Anfrage tut er kund, daß es sich bei diesem Verbot nicht etwa um eine Maßnahme sittlicher Natur handelt, sondern um ein Gesetz zum Schutz der Gigolos. «Haben Sie erst ein paarmal mit unseren Herren getanzt, so dürfen Sie es auch untereinander tun», – sagt der Manager. Wer es mag, mag es.

Was es sonst noch Drolliges gibt? – Da man doch schon angezogen ist, kann man, wenn es sein muß, in die Bars der großen Hotels schauen, oder zu Chez Brummel, was unten im Kasino liegt. Dort bietet sich aber nicht viel, als noch einige teure Abendmäntel und Sekt, der noch etwas mehr kostet als im «Bœuf». Die Amerikanerin ohne Strümpfe wäre hier wohl nicht denkbar. – «Casanova», was es früher auch noch gab, ist inzwischen leider verstorben.

Wer kleine Kneipen mit einem etwas speziellen Einschlag gern hat, kann an dem Platz hinterm Hafen die Sanzi-Bar suchen, ein ganz gemütlicher Keller; aber er verspreche sich keine Wunderdinge.

Wenn Sie ein bißchen Phantasie haben und irgendeinen anderen Ort dieses Stils kennen (etwa *Biarritz*), wird es Ihnen nicht schwer fallen, sich auszumalen, was sonst die Gemüter in *Cannes* noch beschäftigt. Batailles des fleurs; fêtes de l'élégance, concours des voitures fleuries ... Wissen Sie schon, daß der junge X. gestern eine halbe Million im Bakkaratsaal verloren hat? Die Herzogin Y. will aber absolut ihre Villa verkaufen, da dürfte auch nicht alles ganz stimmen. Der kleine Südamerikaner, der in *Toulon* wegen des Opiums verhaftet werden sollte, heiratet nun wirklich die junge Prinzeß P. P. ... Sehen Sie, diese verschleierte Dame da soll Pola Negri sein, aber nicht mehr mit ihrem Prinzen, längst nicht mehr ... Pst, schon wieder der alte Lord Omega mit dieser Russin, die hat aber Glück ... Gehen Sie heute abend auf das Galadiner im Majestic? Die Mistinguette wird ein bißchen singen, wie alt ist sie denn nun? ... Gestern, bei Brummel, war der wieder stinkbesoffen, mit Verlaub gesagt ...

Aber Sie verlangen doch nicht im Ernst von uns, daß wir Ihnen ein «Sprechen Sie noch?» von *Cannes* schreiben?!

Ob es aber verlangt wird oder nicht: über die Inseln wollen wir noch reden und den Motorbootdienst im allgemeinen. Da gibt es die *Iles de Lérins*, die *Cannes* vorgelagert sind und denen es sein sanftes Meer zu verdanken hat. Die berühmteste ist die *Ile Ste. Marguerite*, auf der sich, neben anderen Sehenswürdigkeiten, das Fort findet, in dem einstmals der Mann mit der eisernen Maske und später, zu Weltkriegsausbruch, die deutschen Rivierareisenden gefangen saßen. Landschaftlich fast noch hübscher ist die andere, *Ile St. Honorat.* Der Ausflug ist schon ganz lohnend, – bei ruhigem Meer. Uns ist es einmal entsetzlich schlecht geworden, weil die kleinen Boote so hemmungslos schaukelten. Das kann einem bei allen diesen Ausflügen passieren, die sonst ihren großen Reiz und Vorteil haben – so als Spazierfahrt von Kap zu Kap oder einfach als Verkehrsmittel zwischen den Orten der Côte. Die Charaktere der einzelnen Unternehmer sind verschieden: es kann vorkommen, daß einer, den man im Preise schon heruntergehandelt hatte, die tollsten Umwege fährt, um sich doch noch schadlos zu halten.

ZWISCHEN CANNES UND NICE

Vor *Juan-les-Pins* kommt noch *Golf Juan*, das durchaus nichts bietet, was mit Golf zu tun hätte, sondern bloß einen Meerbusen, und ein schmutzig-rotes Appartementhaus, das seine monströse Riesenfront mit unverständlicher Selbstsicherheit diesem Golf zuwendet.

Juan-les-Pins ist, vor allem im Sommer, einer der besten Rivieraorte. Es gilt für sehr fein und richtig, dort im Kasino zu Mittag zu essen, auch wenn man eigentlich ganz woanders wohnt, zum Beispiel in *Cannes* oder in *Cap Martin*. Viele Menschen, die auf sich halten, kommen herbeigefahren, um am schönen Sandstrand von *Juan-les-Pins* ihre originellen Badekostüme zu zeigen, in denen sie übrigens beileibe nicht zu schwimmen gedenken, sondern hauptsächlich zu tanzen; eleganter Badekostümball zwischen 11 und 12 Uhr in der Bar neben dem Kasino. Zwischendurch in der Sonne liegen; nachher Lunch im Kasino. So die Leute, die auf sich halten. – Wenn sie zufällig in *Juan* wohnen, tun sie es nicht unter dem

Juan-les-Pins, Kasino und Strand

Provençal-Hôtel, das, eine Burg des Reichtums, von erhöhter Stelle den Blick übers Meer beherrscht. («Oh, so distinguished!» preisen es die englischen Prospekte.) Manche von ihnen haben auch Villen hier, zum Beispiel Frau Baby Goldschmied-Rothschild aus Berlin.

Etwas bürgerlicher, aber sehr bequem und freundlich ist das Hotel Graziella, Zimmer zu 30 und 40 fr. Es gibt auch noch Frederick's Palace, der sehr gut geführt und nicht teuer ist, und ein neues, empfehlenswertes, großes Appartementhaus und das gute Hôtel du Pin-Doré (mit sehr hübschen kleinen Dépendance-Baulichkeiten).

Juan-les-Pins, ca. 1920

Jeder Rivieraort hat seine ganz bestimmte Note, seine atmosphärische Eigenheit, wenn man ihn nur recht kennt. Ich möchte die von *Juan-les-Pins* gern definieren, aber hier handelt es sich wohl um Unwägbares. Man könnte sagen, daß es eine ungefähre Mischung aus *Cannes* und *St. Tropez* ist; anspruchsloser, lustiger, harmloser als das eine; weniger Bohème, eleganter als das andere. Ausgesprochener Sommerort, der es ist, spielt hier der Strand eine größere Rolle als die Promenade oder das Kasino; das Badekostüm ist wichtiger als Teekleid oder Abendtoilette. – Was bietet es außer dem Strand?

Ein Garden Golf, auf das die Leute hier mächtig

stolz sind: 2 Tennisklubs, von denen der eine, Miramar, erster Klasse ist; von dem anderen, Juan-les-Pins, haben wir wegwerfender sprechen hören. Die Maxim-Bar, wo sich alles trifft und wo man bis vier Uhr morgens im Abendkleid oder im Strandkostüm tanzt. Noch eine Bar, «La Potinière», die übrigens musiklos ist. Ein paar kleine, billige Restaurants, am nettesten ist ein polnisch-russisches, das «Petit Gourmand» heißt, und die blonde rotbackige Kellnerin, die wie dem «Blauen Vogel» entsprungen aussieht, soll das Töchterlein eines Großfürsten sein (aber soviel Töchter können sogar russische Großfürsten nie gezeugt haben, wie es heute allein schon in Frankreich gibt). – Es bietet das Kasino, das eines der hübschesten an der Küste ist, ein Kino – und die Nähe von *Cannes* und von *Cap d'Antibes*, wohin der neue Boulevard Président Wilson führt.

In Rivieraführern steht immer von jedem Ort, der gerade behandelt wird, er sei der weitaus reizvollste und schönste. Das ist natürlich auf die Dauer etwas verwirrend für den gutgläubigen Leser. Einer aber muß wirklich der schönste sein, und wir finden also, das ist *Cap d'Antibes*. Das Hotel liegt so prachtvoll und es hat einen solchen Blick und zum Meer hinunter führt ein so sehr herrschaftlicher Park, und unten ist dann erst die Hauptsache, der Clou, die große Überraschung: nämlich das Felsenschwimmbad Eden Roc. Es ist ein Schwimmbad, wie man kaum woanders eines finden könnte, in die Felsen gehauen, so daß es etwas von einer pathetischen Grotte hat; mit Sprungbrettern in enormer Höhe, schwindeligen Turngeräten. Die Aufnahmebedingungen in diesen Wasserklub sind sehr kompliziert und kostspielig. Oberhalb des Schwimmbades liegt eine hellgrün eingerichtete Bar, von der aus man nichts als Meer sieht, so daß man sich wie auf einem Schiffe fühlt und leicht seekrank wird. In Bar und Felsengrotte tummelt sich große Prominenz; Bernard Shaw sonnt sein altes und schlaues Haupt, Hollywoodsterne trainieren um ihn herum an den Geräten. – Oben im Hotel ist es gedämpfter, seriöser und langweiliger; mehr für Familien mit Nurse. Die Einrichtung ist auf gediegen, nicht auf exzentrisch. Die Preise sind während des Sommers noch ärger, als während des Winters; und während des Winters sind sie arg genug.

Hinter *Cap d'Antibes* liegt das Hafenstädtchen *Antibes*; alte Festung mit grauem Gemäuer am Meer, und Napoléon hat dort gefangen gesessen. Hinter dem Gemäuer: Winkelsträßchen, die Place Nationale und die Place de la marine, wo jeden Morgen zwischen Oktober und Mai der farbenlieblichste Blumenmarkt ist. Kleine, ganz versteckte Restaurants, wo man wirklich für 10 fr. vorzüglich ißt: das Restaurant Français (Ecke Rue Sade); die Auberge Provençal (an der Place Nationale). – Hier sind nicht sehr

Eden Roc, 1934

viel Fremde, aber einige Schriftsteller und Maler sind Stammgäste vom Städtchen *Antibes*.

Nach *Nizza* geht die Straße direkt, wir sind dort eine halbe Stunde später. Wir machen auf die besonders guten Golf-Plätze aufmerksam, in deren Nähe wir, bei *Ciotat*, vorbeikommen. Da wir gerade bei Golfplätzen sind: hinter *Cannes* gibt es angenehme, und sehr schön gelegene oberhalb von *Monte Carlo*, mit herrlichem Blick.

NICE

Es ist höflicher gegen die Franzosen, «*Nice*» zu sagen, statt «*Nizza*». Schließlich ist die Stadt seit ziemlich langer Zeit nicht mehr italienisch. Also: Rivierakenner rümpfen über *Nice* nun schon meistens die Nase, es ist nicht mehr ganz auf der Höhe, eine gestürzte Königin. Aber diese wissen nichts von dem großen Reize dieser Stadt am Meer.

Der große Reiz, den wir meinen, besteht eben darin, daß *Nice* kein Badeort ist, kein «idyllisches Fleckchen Erde», sondern eine Großstadt mit einem alten, historiebeladenen Viertel (es ist das italienische hinterm Hafen), mit breiten Boulevards voller Geschäfte, die nicht nur für Fremde sind; mit einem Leben, das sich nicht nach der «Saison» richtet und während einiger Monate plötzlich still liegt, sondern sich organischer und kontinuierlicher entfaltet, unabhängig von den Moden des internationalen Publikums. «*Cannes* ist englisch, aber *Nice* ist russisch», sagt Paul Morand in seinem amüsanten und kuriosen Buch «1900». Aber nein: *Nice* ist französisch.

Nice, Promenade des Anglais

Nice, La Jetée nachts

Welche Überraschung, wenn man die Avenue de la Victoire hinunterkommt – eine Geschäftsstraße, wie es in der Welt tausende gibt, – die Place Masséna überquert, und plötzlich auf der Promenade des Anglais steht; plötzlich auf dieser herrlichsten Promenade der Küste, des Kontinents. Ich weiß keine, die mit solchem Schwung und solcher Grandezza dem Meer entlang führte. Wenn man abends, von *Villefranche* her, auf der großen Autostraße sich *Nizza* nähert, leuchtet einem diese pathetische Lichterkurve der Promenade entgegen, wie ein riesiger Schmuck, der hinaus ins schwarze Meer geworfen ist.

Diese einzigartige Straße hat, scheint mir, die Kraft, noch dem Gleichgültigsten etwas von ihrem Zauber abzugeben, und sogar noch dem Häßlichen. Das neue Kasino, zum Beispiel das Casino de la Jetée, ist von sehr zweifelhaftem Geschmack, um es offen zu sagen: es ist recht greulich und kitschig, dieser maurische Zauberpalast, der da ins Meer hinaus gebaut ist, so daß die Wellen an seinen Pfählen plätschern. Aber abends, wenn er in der ganzen Fülle seines elektrischen Lichterputzes strahlt, als pompöses Mittelstück eines großen Geschmeides, sagt man nicht mehr nur ironischerweise von ihm, daß er ein Zauberpalast sei.

Auch das Palais de la Mediterranée – enormer Vergnügungspalast an der Promenade – ist recht klotzig und protzig; schlechter Nachkriegsgeschmack, so wie das Kasino schlechter Vorkriegsgeschmack ist. Aber abends, von den Scheinwerfern knallig angeleuchtet, blendend weiß strahlend, macht es zweifelsohne einen starken Effekt.

Wie beneide ich Sie darum, das erstemal hier spazierenzugehn: vormittags zwischen halb zwölf und halb eins, zur Zeit des großen Bummels; am frühen Nachmittag, wenn die Promenaden ruhiger liegen, und abends, wenn die elektrische Pracht sich entfaltet. Sie spazieren die ganze Promenade des Anglais hinauf, am Hôtel Negresco, am Palais de la Mediterranée vorbei, bis dorthin, wo sie «Quai des Etats-Unis» heißt, sich beim Hôtel Suisse zum Halbrund eines Aussichtsplatzes erweitert, um dann die scharfe Kurve zum Hafen zu machen. Hier, gegenüber dem Hafen, gleichsam hinterm Rücken der Promenade, ist ein enormes Kriegerdenkmal in den Felsen hineinkomponiert; schimpfen Sie nicht! Kriegerdenkmäler sind fast nirgends schöner.

Hinter dem Hôtel Suisse können Sie auf den Schloßberg steigen, Sie kommen ziemlich bequem hinauf, auf vielen, vielen Stufen, oben haben Sie allerlei romantische Anlagen und lohnende Aussichtspunkte über Stadt, Land und Meer. Sie steigen zwangsläufig wieder hinunter, spazieren den Quai des Etats-Unis wieder zurück. In einem von den kleinen Restaurants, die hier oben in den niedrigen Häusern wie in den Buden eines Ausstellungsparkes untergebracht sind, können Sie ruhig essen: in der Maison Rouge, bei Raynaud, Le Prince oder Pistonati. Pistonati ist das beste, vor allem für italienische Spezialitäten. – Wenn Sie wieder gegenüber dem neuen Kasino sind, biegen Sie, statt Richtung Negresco weiter zu lustwandeln, in den Jardin du Roi Albert I. ein, der sich seinerseits auf den Hauptplatz, die Place Masséna, öffnet. Die Anlagen des König-Albert-Gartens sind von der rührenden Romantik des Schloßberges: mit Grotten und altväterlich angelegten kleinen Teichen. – An der Place Masséna liegt das Casino Municipal, das ältere, schon recht hochbetagte; im ersten Stock das mehr kostspielige, als sonst irgendwie unterhaltende Restaurant du Cercle und der Bakkarat-Klub, unten der Boule-Saal, ein Kino, ein Varieté, was weiß ich, eine ganze kleine Stadt, aber eine recht spießige und provinzielle kleine Stadt, sowohl die große, wie die anrüchige Welt hat sich längst aus diesen Räumen zurückgezogen, sogar die Kokotten sehen bieder aus. – Gleichfalls im Gebäude des Casino Municipal: das Café Monnot, das auch mehr groß als aufregend ist, wo man aber an Sommerabenden unter den Arkaden angenehm sitzt. – Neben dem Kasino die Galeries Lafayette; diesen gegenüber die Confiserie Vogade, wo es die köstlichsten Sandwiches und verzuckerten Früchte von *Nizza* gibt. – Mitten auf der Place Masséna kommen die Autobusse sowohl von der Richtung *Cannes*, wie von der Richtung *Monte Carlo* an. – Wir brauchen aber nicht zuzuschauen, wie alle diese Herrschaften aus *Juan-les-Pins* und *Antibes* aussteigen, vielmehr schlendern wir nun die Avenue de la Victoire hinunter, die zum Bahnhof führt. Wir sagten schon, daß das keine einzigartige Avenue ist, aber doch eine recht stattliche, wo es viel zu sehen gibt. Zum Beispiel die großen Kaffeehäuser De la Régence und De Paris; noch drei Kasinos (Le Nouveau Casino, Casino des Variétes und Eldorado-Casino), die freilich nicht alle an der Avenue selbst, sondern auch in Nebenstraßen liegen; die Redaktion des Eclaireur de Nice, wo jeden Abend Neuigkeiten aus aller Welt angeschlagen sind, so daß die Menge sich davor staut und es aussieht, als sei gerade ein Straßenunglück geschehen, oder eine Revolution drauf und dran auszubrechen; es gibt mehrere Kinos (zum Beispiel das Cinéma Caméo); große Läden, Banken, Restaurants. – In der Gegend des Bahnhofs liegen noch mehrere Hotels, die empfohlen werden, zum Beispiel das Terminus, wir möchten hier aber nicht wohnen. Dafür geben wir Ihnen den wirklich freundschaftlichen Rat, einmal im Restaurant de Strasbourg zu essen (27 Rue d'Assalit, Nähe Hauptbahnhof, aber Sie müssen erst noch die Avenue de la Victoire überqueren). Fremde kommen beinahe nicht hin, und Sie werden erstaunt sein, was für herrschaftliche Auswahl und was für kleinbürgerliche Preise Sie dort finden. – An der Avenue de la Victoire liegt auch noch die Notre-Dame-Kirche, – daß wir sie nur vor lauter Weltlichkeit nicht vergessen. Vom rein künstlerischen Standpunkt aus wäre das übrigens kein so großes Unglück gewesen. – Die wichtigste Straße, welche die Avenue kreuzt, ist der Boulevard Victor Hugo, der in seinem östlichen Teil Boulevard Dubouchage heißt. An ihm liegen ungezählte Hotels, aber auch die Stadtbibliothek. –

Entschuldigen Sie, wir haben Sie ein bißchen kreuz und quer geführt, Ihnen zwar im Vorübergehen manches gezeigt, aber es war kein rechtes Sy-

Nice, Place Rossetti
mit der Église Sainte-Réparate, ca. 1930

stem drin. – Wo esse ich? Wo wohne ich? Wo trinke ich meinen Coctail? Wo kaufe ich mir einen Kragen? Wo tanze ich? Wo langweile ich mich? Wo gebe ich, um Gottes willen, mein Geld aus?

Was Essen betrifft, haben wir Ihnen ja schon einige Tips gegeben; jetzt geben wir Ihnen aber unseren nettesten. Wenn Sie der konventionellen Hotelspeisesäle einmal so recht gründlich, so recht speimüde sind, gehen Sie zu Da Bouttau in der alten Stadt. Sie finden sein kleines Restaurant an der Place Rossetti, bei der Kathedrale. Auf diese Weise lernen Sie auch gleich das alte italienische Viertel kennen, das ganz winkelige, schmutzige; es könnte beinahe in Palermo liegen und ist vielleicht *Nizzas* bester und heimeligster Reiz. – Bouttau aber ist genau das, was man ein Original nennt. Er ist sicher einer der großartigsten Restaurantbesitzer, die ich jemals irgendwo getroffen habe: eigenwillig bis zum Tyrannischen, selbstbewußt bis zum Größenwahn, von einer Liebe zu seinem Beruf besessen, die auch einen närrisch übersteigerten Akzent hat. Wirklich ein ganz großartiger Geselle; wenn Sie zum Beispiel Ihre Spaghetti nicht aufessen, verdreht er die Augen, flucht italienisch und hebt die Fäuste gen Himmel. Seine Menukarte ist anspruchsvoll, wie das Programmheft eines literarischen Theaters, voll von Gedichten, eines ist von Edmond Renoir. In einem anderen erklärt Bouttau trotzig, daß er, komme, was da kommen möge, unter allen Umständen Sonntags schließen wolle, obwohl dies keineswegs üblich ist, weil er sich Sonntags nämlich um sein Gütchen Bellet kümmern müsse, wo alles sowohl schön als gut sei und woher er alles beziehe, was es in seinem Lokal zu speisen gäbe («tout ce qui est servi chez Bouttau vient de chez Bouttau»). Dieses Gedicht hat den aggressiven Refrain: «Bouttau s'en fout, il ferme le dimanche.» – Das verräucherte kleine Lokal hat als ausgefallenen Schmuck allerlei Gemüsesorten von der Decke hängen und schöne blutrote Vorhänge; der Herd, wo alles zubereitet wird, steht im Lokal selbst; was es zu essen gibt, schmeckt vorzüglich, besonders die italienischen Gerichte; alle Stammgäste verehren Bouttau sehr, der ohne Frage zu den Menschen gehört, die die Kraft haben, bei Lebzeiten eine Legende aus sich zu machen. – In der Rue Honoré Sauvan liegt ein anderes, nicht ganz so großartiges Italienerlokal: Alfieri. Und hinter den Galeries Lafayette das Restaurant Caressa, das wir auch empfehlen. Um wirklich gründlich zu sein, reden wir noch vom Tantonville in der Avenue de la Victoire und Pommel am Markt in der alten Stadt. Alle diese sind nicht kostspielig, chez Pommel ist «sea-food» Spezialität.

Was Wohnen betrifft, können wir Ihnen nichts so Drolliges raten, denn originell wohnen, ist meistens schlecht wohnen. In *Nice* existieren, Sie können sich's vorstellen, mehr Hotels und Pensionen, als Steine am Strand (Sandstrand gibt's ja leider nicht). Oben, am Quai des Etats-Unis, das Hôtel Suisse, von dem wir schon sprachen, und das Hôtel Bellevue haben maßvolle Preise und schönen Blick. Dann haben Sie, die Promenade entlang, dieselbe Prunkreihe, wie an der Croisette in *Cannes*: die beiden allerpompösesten, das Ruhl und das enorme Negresco (das Ruhl etwas feiner und gedämpfter; das Negresco, eines der legendenumwobensten Luxuszentren der Welt, von etwas aufdringlichem Luxus, nicht ganz guter Stil). Dazwischen das Royal, Westminster, Luxembourg, Savoy (mit der Savoy-American-Bar, wo

Nice, Baden im Meer, ca. 1930

man nett ißt und tanzt). Höher gelegen: das Majestic, das zur Zeit vielleicht das exklusivste Publikum hat. Von den nicht so ganz erstklassigen Hotels, die hinter der Promenade liegen, machen wir Sie auf das Palace und auf Edward's aufmerksam, weil wir sie zufällig besonders genau kennen und wissen, daß sie anständig geführt sind (Pension etwa 80 fr.). Aber wahrscheinlich gibt es tausendundeins ebenso anständige.

In tausendundein Lokalen können Sie auch Tee trinken, wir raten Ihnen aber The Scotch Tea Room an der Avenue de Verdun, die am Palmengarten Albert I. entlang führt. Hier ist großes angelsächsisches Damentreffen, was für die Qualität des Tees spricht, und auch sonst für die Distinguiertheit des Milieus. – Der Tee in den Kasinos, sogar während der Saison, ist recht düster und spießig; ich glaube, die beiden Kasinos von *Nice* sind die unelegantesten und langweiligsten der Riviera.

Ihre große Konkurrenz ist das Palais de la Mediterranée, an dem wir nun schon oft vorbeigekommen sind. Treten wir auch einmal ein, es ist furchtbar viel drinnen los: eine Oper, ein Monstrecafé, wo sich nachmittags mit Vorliebe Modenschau abspielt, ein Boulesaal und ein sehr exklusiver Bakkaratklub. Hier war es, wo sich unlängst zwei durchtriebene deutsche Zeitungsmänner eingeschlichen hatten, um Photos zu machen, obwohl es doch so gründlich verboten ist. – Nachher hatten sie Krach mit dem Direktor, Märtyrer ihres schweren Berufes –; die Zerberusse, die auch hier vorm Heiligtum sitzen, sollen besondere Physiognomienkenner sein und von jedem, der eintritt, eine Karikatur machen, was eigentlich kein angenehmes Gefühl für die Eintretenden ist, wenn sie's erst wissen (wir wußten es lange nicht). – Das Treppenhaus des Palais ist eine große und breite Pracht in Marmor, vor allem für Karnevalstrubel sehr geeignet. – Unten, im selben Gebäude, liegt das große Büro von Cook und die Bar de la Fregatte, die zur Zeit eigentlich die amüsanteste Bar von *Nizza* ist.

Da wir, die Frage «wo kauf ich meine Kragen?» zunächst keck überspringend, schon bei der Frage «wo trinke ich meinen Coctail?» angelangt sind, bleiben wir zunächst bei diesem so wichtigen Punkt und führen Sie zur «Perroquet-Bar», gleich, wenn Sie vom neuen Kasino zur Place Masséna gehen; sie ist neu hergerichtet, aber als sie noch schäbiger war, fand ich sie flotter. Sie teilt sich in eine Bar und in ein richtiges Tanzlokal, wo man Ihnen, außer dem Sekt, Attraktionen vorsetzt. In der Bar trifft sich oft ganz lustiges junges Volk. Um die Ecke, Maxime, ähnlicher Stil, nicht ganz so besucht. – Zu späten Nacht- und frühen Morgenstunden werden Sie in der Chat Noir noch einiges finden, was Ihr Herz begehrt. – Da wir Ihnen in *Cannes* die Sanzi-Bar verraten haben, verraten wir Ihnen hier La Perle, hinterm Bahnhof, in der Rue d'Angleterre. Die Perle ist großstädtischer als die Schwesterkneipe in *Cannes*; beinahe schon Berlin N.

Vom Thema «Bar» finden wir leicht zum Thema «Wo langweile ich mich?». Das können Sie gar nicht in *Nice*, es sei denn, Sie gingen in eines der großen Kinos (zum Beispiel in das «Casino de Paris» an der Promenade des Anglais, oder in das Rialto, gleich hinterm Negresco), wenn gerade ein amerikanischer Tonfilm stumm, mit französischen Texten läuft. Dann müssen Sie Szenen zuschauen, die unter der Voraussetzung gedreht wurden, daß man dumme Worte dazu hört: stumm, mit den aufgerissenen Mündern, sind sie wirklich trostlos. Als wir das letztemal im «Rialto» waren, spielte man eine Posse mit dem pikanten Titel «Connaissez-vous Popo?». Wir wollten eigentlich darunter schreiben: «Schon; aber welchen?» Und fanden es denn doch ein wenig reichlich derb, als der Film anhob: «Papas bester Helfer und Freund ist Popo.» Aber dann handelte es sich einfach um ein genial ungezogenes Baby. – Speziell zum Langweilen wagen wir Ihnen auch nicht das Musée Masséna zu empfehlen, das neben dem Negresco liegt, denn Sie sind doch eine allgemeininteressierte Person und dort gibt es lokalhistorische Kunstsammlungen. Auch in der Oper ist es eigentlich ganz unterhaltend und, bei Galavorstellungen, eleganter als sonstwo in *Nice*. Wir haben neulich eine «Salomé» dort gesehen, die sich nirgends hätte zu schämen brauchen; der makabre Charme des genialen Reißers war vollkommen da. – Bliebe höchstens das türkische Bad Hamman, aber dort werden Sie ausgezeichnet massiert. –

Wo Sie Ihre Kragen und Ledertäschchen und Abendmäntel und sonstwas kaufen? Die Auswahl ist fast so unabsehbar wie in *Cannes*. In der Avenue des Phocéens hat der Schneider James Breen (For Ladies and Gentlemen) großen Stil. – In der Avenue de Verdun bekommen Sie im Herrengeschäft Coute alles, was Sie vormittags, nachmittags, abends, nachts, etwa brauchen; in der Librairie Cumin sowohl angelsächsische, als französische Neuerscheinungen; bei Tecla falsche Perlen, viel schöner als echte, die kein Mensch mehr trägt, bei Pinet Schuhe, bei Handwork Kleider schon zu 145 fr. (Billigkeitsrekord! Man denke: am Luxusstrand!), bei Barkley Sportausstattung; Schönheitspflege lassen Sie sich am besten beim Coiffeur des Ruhl oder des Negresco angedeihen. –

Aber wir verirren uns unversehens in die Frage: «Wo lasse ich, um Gottes willen, all mein Geld?! Um Gottes willen, wohin damit?!»

Beruhigen Sie sich, es gibt ja noch besondere Gelegenheiten. Es gibt zum Beispiel den Karneval. Sie wissen ja, mit welcher Farbenpracht und mit wieviel Musiktaumel er hier die Stadt überfällt: die großen Züge der närrisch nickenden Riesenpuppen und geschmückten Wagen am Meer entlang und durch die ganze Stadt; Blumenkorso, Konfettischlacht; Galadiner über Galadiner, Redoute, Schönheitswettbewerb, – wer hielte das aus? Man versteht den Freudenjubel, unter dem der Prinz Karneval endlich eines Tages verbrannt wird; noch einmal Feuerwerk, größter Umzug, aber dann ist keineswegs Ruhe. Le Grand Prix, von dem die ganze Welt spricht, der Präsident der Republik ist dabei. Großes Wohltätigkeitsfest, die Herzogin Eugenie X. hat den Ehrenvorsitz. – Nun haben Sie aber genug und wir auch; fahren wir zusammen ins Freie, in die Luft, in die Höhe, etwa nach *Peira Cava.*

Peira Cava, nur 40 Kilometer von *Nizza* entfernt, liegt 1500 Meter überm Meer und oben, sollte man's glauben, wird Ski gelaufen, Bobsleigh gerutscht, Schlittschuh getanzt. Der Ausflug ist sehr zu empfehlen, – im eigenen oder öffentlichen Auto. Man hat ein Stückchen Engadin, – so komplett ist diese Coast of Pleasure. Pervers und auf Kontraste erpicht, wie wir nun alle einmal sind, locken Schnee und Eis uns hier besonders. *Peira Cava* ist im Begriff, «ganz groß» zu werden. Das stattliche Hotel, das es hier schon gibt, wird bald nicht mehr das einzige sein.

Wer weniger radikal in die Höhe will, wem dieses plötzliche In-den-Himmel-fahren Ohrensausen macht, der wird es auch in *Cimiez* zum Beispiel sehr erholsam finden. Das liegt auch oberhalb von *Nice,* – bildet beinahe noch einen Teil davon und hat schon eine große historische Tradition, – kann sich auf Queen Viktoria berufen, die dort ihre späten Wintertage im Pavillon verbracht hat. Er ist sehr zuträglich, der Aufenthalt in *Cimiez* und wird durch elegante Hotels und Appartementhäuser komfortabel gemacht.

Wer gern zu Fuß geht, soll es doch nach *St. Silvestre* tun, 5 Kilometer weit von *Nice* entfernt, im eigenen Tal gelegen. Von dort aus macht man den schönen kleinen Aufstieg in die Hügel und hat den herrlichen Blick zum Lohn. Hier und in *St. Barthélemi*, noch zwischen *Nice* und *Silvestre*, haben wir wirklich nichts gefunden, was an «Boule» und große Stadt erinnert.

Wenn Sie jetzt noch einmal hören, *Nice*, die Stadt am Meer, sei «passée», dann fahren Sie diesem versnobten Gesellen über den Mund: er solle doch keinen Unsinn reden. Eine große Stadt ist nicht plötzlich passée, weil irgendeine Clique beschlossen hat, woanders wäre es schicker. *Nizza*, in dem 184 000 Leute leben, – mitten unter ihnen große Europäer, wie Matisse, – arbeiten, das blaue Meer, ihren Karneval und ihre Sonne genießen, unter den schlechten Zeiten leiden, Blumen züchten und sterben, *Nizza*, von dem man Stunden und Stunden lang erzählen könnte, wie von jeder großen Stadt, wird Sie mit seinen unvergänglichen Reizen gefangennehmen, wenn Sie so guten Willens sind, wie Ihre lieben, alten Großeltern es waren, die einst auf dieser Promenade spazierten.

GROSSER AUSFLUG VON NIZZA

Ein Segen für solche, die kein Auto haben, daß es auch hier die Autobusse gibt. Sie fahren ruhig und sicher die phantastischsten Straßen, wir empfehlen sie Ihnen sehr. Falls Sie zwar ein Auto haben, aber kein ganz schwindelfreier Mensch sind und Ihrem Chauffeur nicht trauen, – nehmen Sie doch den Autobus, um den Ausflug zu machen, den wir Ihnen nun auf das heftigste raten.

Sie fahren von *Nizza* ein Stückchen in Richtung *Antibes* zurück und biegen plötzlich rechts ab, nach *Cagnes sur mer*; dort klettert die Straße hinauf ins obere *Cagnes* (*Cagnes en haut*), das ganz stufig in die Felsen gebaut, alt und süß, Ihnen sehr gefallen wird. Sie haben dort ein verwunschenes Schloß, ein Café de la Plage, einen Tearoom The Castle, ein Hotel-Restaurant Le Coquard und den unvermeidlichen Antiquitätenladen. Vor allem aber, im Frühjahr und Sommer, sehr ausgefallenes und amüsantes Publikum. Amerikanisch gefärbte Bohème, Maler, Komponisten (der extravagante Georges Antheil vor allem ist Stammgast in *Cagnes en haut*). Auf die Ruhmestafel von *Cagnes* gehört als erstes die Tatsache, daß Renoir dort lange gearbeitet hat; ihm zum Gedächtnis hat Maillol dort ein wundervolles Denkmal errichtet – das nichts mit den bisher üblichen «Denkmälern» gemein hat.

Halten Sie sich nicht zu lange auf, es kommt noch viel schöner in jeder Beziehung. Fahren Sie weiter, nach *St. Paul*. Dieser einzigartige Flecken versteht es, zerbröckeltes Gemäuer, Gäßchen, in denen man nur zu Fuß einherstapfen und klettern kann, so schmal, winklig, holperig sind sie, – mit einer heimeligen und raffinierten Eleganz zu verbinden und mit dem Treiben eines internationalen Künstler- und Sportpublikums, von einer Buntheit, die frappiert. Das Café de la Colombe d'Or ist Zentrum und Treffpunkt aller derer, die an *St. Pauls* Charme und malerischer Ergiebigkeit ihren Spaß haben möchten. Die Gartenterrasse, auf der, reizend zugeschnitten, schon im Januar die Orangenbäume blühn, die große holzgetäfelte Stube mit dem Kamin und den vielen intimen Tee-Ecken, die voll von guten Bildern hängen, der Wirt – ein ganz Versierter –, das Gästebuch, das den hohen Wert einer großen und exquisiten Autographen- und Bildchensammlung repräsentiert, sind Sehenswürdigkeiten ersten Ranges. Ein paar Namen, um Sie zu blenden:

Suzanne Lenglen, Claude Farrère, Menjou, Michael Arlen, Sydney Chaplin, Bernard Shaw, Horowitz, Edmund Burke, Luise Brooks, Matisse, die Noailles, die Dolly Sisters, Claude Anet, René Crevel, Léon Pierre Quint, Cochet, – und, wenn Sie Glück haben, Mr. André Germain, der Ihnen alles, aber auch wirklich alles wird erzählen können von jedem, der jemals die traulich-snobistisch-mondäne Luft dieses Hauses geatmet hat. Und die Maler haben ins Buch gemalt, die Dichter haben hineingedichtet, die Musiker haben kleine schwarze Tintenklexe so sinnreich aneinandergereiht, daß Musik entstand, und die Namen der Prinzen leuchten ja aus sich selbst.

Der Platz, auf dem die Colombe d'Or liegt, und der von den Mauern fast ganz eingeschlossen ist, hat noch andere Etablissements aufzuweisen, doch kein so glänzendes, wie dies. Oben in den Gäßchen gibt es Antiquitätenläden ohne Zahl, einer von ihnen ist geschickt als Tearoom aufgemacht, Sie bekommen Tee und Orangemarmelade in erlesenen Altertümern serviert, von zwei Damen, die vornehmer sind als alles bisher Dagewesene.

St. Paul ist sehr, sehr sehenswert. –

Landschaftlich steigert die Großartigkeit, die wir Ihnen bieten, sich nun von Kilometer zu Kilometer. Wir fahren nach *Vence*, weil das auf dem Weg liegt und gewiß nicht häßlich ist. Vor allem aber fahren wir nach *Tourrettes, Gorges du Loup* und nach *Gourdon*.

Tourrettes, müssen Sie wissen, ist ein bißchen Genre *St. Paul,* nur längst noch nicht so ausgenutzt, noch ziemlich unschuldig und rein. Seine Lage ist womöglich noch schöner, seine Gäßchen und Ecken noch winkeliger und rätselhafter. In diesen Städtchen kann man sich verirren, obwohl sie klein sind, wie Puppendörfer. Ihre Konstruktion ist die vertrakteste und man weiß nie, wohin man sich verstiegen hat.

Wer unabhängig ist und unternehmungsheiter, der nehme sich des Städtchens *Tourrettes* an, – er gründe einen Tearoom dort, staffiere ihn anspruchsvoll mit alten Büchern aus, kaufe ein paar altfranzösische Kopftüchlein zusammen, breite dieselben über die Tische, sorge für zwei Damen, die an Vornehmheit die von *St. Paul* zu schlagen vermögen und serviere einen Kräutertee, den er mit Geheimnis umgebe und keinesfalls unter fünfzig Francs berechne. Welch eine Chance!

Welch eine Landschaft aber die von *Gorges du Loup*! Felsen, Abgründe, Wasserfälle, die wie breite Silberbänder herunterhängen, frei herunterstürzen, bis sie, sich teilend, mit großem Gepolter weiter fließen ins Tal. Tunnels, Brücken, die zwei Bergesgipfel verbinden, Kurven, bei denen Ihnen angst wird, falls Sie eben Ihrem Chauffeur mißtrauen. Oben, an höchster Stelle, liegt *Gourdon,* der Gipfel des Ausflugs in jedem Sinne. Das ist eine Wildheit, eine Kühnheit

Grasse

der Landschaft, das Rötlich-Gelblich-Grau der riesigen Felsen hat nichts als das tiefe Blau des Himmels zur Gesellschaft und das Schwarz der Schatten in den Klüften. Ein paar Meter unterhalb des kleinen Platzes, auf dem Sie stehen, ist eine Terrasse angelegt, ein Mönchsgärtchen, das ergreifend hübsch bepflanzt und besät ist. Geordnetes Grün inmitten der krassen Kahlheit, beschnittene Bäumchen, sinnvoll gezirkelt der schmale Weg. Oben liegen Kirche und Kloster, achthundert Meter hoch, senkrecht überm Meer. Auf dem Platz bieten Weiber Lavendelkraut feil und glasgeblasene Hirsche mit buntem Parfüm gefüllt. Nicht weit von hier, aber tief unterhalb, liegt *Grasse*, die Heimat des französischen Wohlgeruchs.

Wir fahren ab, Richtung *Grasse*. Wenn Ihnen auf der gefährlich gewundenen Straße ein Wagen entgegenkommt, so sind fast sicher wir es, die Sie stören. Diese Tour so herum zu machen (also: *Grasse, Gourdon, Gorges du Loup* usw.) ist verboten, «Sens interdit», gefährlich. Das Ganze ist Einbahnstraße, nur daß man es eigentlich nicht wissen kann. Wir handelten in bestem Glauben, als wir von *Grasse* aus den Aufstieg begannen. Also: Ungläubig schauen, schimpfen, unbarmherzig an der Innenseite des Weges bleiben, wenn was daherkommt. Sie sind, allein, im Recht!

Nun ist *Grasse* ganz tiefländisch für Sie, flach liegt es zu Ihren Füßen. Daß es, immer noch, eine Art Höhenkurort ist, beweisen aber die Sanatorien mit Liegebalkons und die geschützten Sonnengärten, die es für die Patienten bereit hat. Die Stadt selbst ist schön und alt, fast nur ohne Auto zu besehen. Das Kasino hat die hübscheste Terrasse, die von großen bunten Sonnenschirmen elegant gemacht wird, das Restaurant des foux ist Ihnen anzuraten, auch die Potiniere nährt Sie redlich. Gehn Sie, wenn nicht gerade Sonntag ist, in die Parfümfabriken. Vor allem Molinard preßt hier den duftenden Saft aus Kraut und Blume und setzt sein entscheidendes Geheimnis zu. Beruhigend zu wissen, daß H. G. Wells, der einen Teil des Jahres in *Grasse* lebt, diese Wohlgerüche und zudem die gesunde Luft so mühelos zur Verfügung hat.

Von *Grasse* sind es nach *Cannes* nur etwa 20 Kilometer. Nun finden Sie leicht nach Hause. Der Weg *Cannes–Nizza* ist Ihnen ja wie der tägliche Heimweg vertraut.

ZWISCHEN NICE UND MONTE CARLO

Die drei großen Straßen, die von *Nizza* nach *Monte Carlo* führen, heißen: Grande Corniche, Moyenne Corniche und Petite Corniche. Sie sind alle drei sehr berühmt, die beiden oberen mit Recht, denn sie bieten die prachtvollsten Aussichten. Die unterste, die Petite, ist eine ziemlich häßliche Autostraße, die fast ununterbrochen an Häusern vorbeiführt, und das Auge müßte sehr traurig werden, wenn es sich nicht dazwischen auf dem Meer erholen könnte. Sie ist aber die bequemste, weil sie die Orte dieses Küstenstriches, die beinahe ineinander übergehen, direkt miteinander verbindet. Zu manchen Tagesstunden rasen die Autos fast wie ein geschlossener Zug die untere Corniche entlang, scheinbar immer zwischen *Nice* und *Monaco* hin und her. Was am Weg grün war, steht traurig verstaubt. Nur die Reklametafeln, die an jeder Kurve etwas wie ein unschönes kleines Wäldchen bilden, haben noch lebhafte Farben.

Ohne Frage hat dieser Abschnitt der Côte d'Azur weniger Reiz als irgendein anderer. Er ist wirklich

Grande Corniche

beinahe völlig zugebaut, vor Hotels und Villen sieht man nichts Grünes oder Weites mehr. Trotzdem gibt es hier einige Flecken, die ganz und gar liebenswert sind. Zu diesen gehört der kleine und alte Hafen *Villefranche*, wo ich lange und oft gehaust und gearbeitet habe.

Es ist der erste Ort nach *Nice*, von dort aus mit Autobus, Trambahn, Zug in einer knappen Viertelstunde zu erreichen. Das Städtchen liegt in einer Bucht, wo es im Sommer heiß, im Winter aber besonders angenehm und milde ist. Es ist, amphitheaterförmig, den Berg hinauf gebaut, so daß alle Straßen steil steigen. Oben liegen die kleine Mairie und die Kirche. Unten, am Hafen, ein Quai, wo immer braune Netze geflickt werden, und ein Platz, wo es oft vormittags Markt gibt. Hier liegt das Welcome-Hôtel, das einzige, das hier in Frage kommt. Es hat, bei mäßigen Preisen, einen ausgefallenen und speziellen Stil: eine Mischung aus extravaganter angelsächsisch-pariserischer Bohème und kleinbürgerlicher Traulichkeit. Übrigens hat Cocteau es «entdeckt». Man trifft dort junge amerikanische Dichter und erholungsbedürftige alte französische Bourgeois.

Villefranche ist still, beinahe ausgestorben, wenn nicht gerade ein Schiff im Hafen liegt. Dann füllen sich die Bars, in denen wir oft die einzigen Gäste waren. Unsere Freundin, die kräftige und gescheite Germaine, in der Spring Bar (gleich hinterm Welcome-Hôtel) und das exotische kleine Geschöpf, das weiter oben die Garden-Bar führt, machen dann gute Geschäfte. – Wenn das Schiff wieder fort ist, liegt der Ort in noch tieferer Ruhe.

Die Straßen sind sehr schmutzig und eng; manchmal schließen sie sich zu Gewölben. Es gibt hier unheimlich viel Katzen und kleine Kinder; beide scheinen vom Schmutz zu leben. – Einige alte Leute verstehen nur italienisch.

Hoch über *Villefranche*, in phantastischer Lage, liegt ein Restaurant, auf das Sie aufmerksam zu machen wir nicht vergessen wollen: Corne d'Or. Wenn

Sie im Welcome-Hôtel wohnen, können Sie dort oben einmal zu Mittag essen.

Wir müssen schon weiter, weil *Villefranche* klein und unwichtig ist. Aber es ist einer der Flecken an dieser Küste, der uns am zärtlichsten am Herzen liegt.

Nach *Villefranche* kommt *St. Jean,* wo viele Villen zu verkaufen sind, viele aber auch bewohnt werden und dazu zahllose bescheidene kleine Pensionen mit Gärtchen. Es gibt ein größeres Hotel, von einem Engländer geführt, wo man auf der Terrasse gut und billig ißt (übrigens ist es im Sommer meistens geschlossen), und ein teures Restaurant Caramello.

St. Jean vorgelagert das *Cap Ferrat,* mit dem wohlrenommierten Grand-Hôtel. Es ist dies kein Hotel, das Überraschungen gewähren könnte; aber schön gelegen im Park und mit dem Blick übers Meer, anständig geführt, etwas bürgerlich. Erwähnenswert ist noch das Restaurant Caramello. – In *Cap Ferrat* hat übrigens der englische Schriftsteller Maugham, dessen Stücke und Geschichten man auch in Deutschland gut kennt, seine Villa.

Als nächstes: *Beaulieu sur Mer,* wo sich viele Deutsche und vor allem Engländer gern aufhalten. Es ist ausgesprochen sympathisch, aber für unseren Geschmack zu sehr konventioneller Badeort, ohne den Hintergrund einer alten Stadt. Das Kasino von *Beaulieu* steigt seit letztem im Kurs, es zieht an, um börsenmäßig zu reden, – und ist übrigens auch wirklich recht kokett und anheimelnd ausgestattet. Im großen Hotel Bristol wohnen elegante und wohlhabende Menschen; von den mittleren Hotels ist vor allem das Bedford zu empfehlen. Im Restaurant La Réserve (am Hafen) ißt man wirklich vorzüglich. Das Poulet Beaulieu ist hier faktisch besser als irgendwo anders, die Crêpes Suzettes des Hauses schmecken unübertrefflich. – Ein kleines Hotel und ein Seepavillon gehören zum Etablissement. Der Wirt heißt Lottier, alles kostet ziemlich viel und Caruso soll gern hier verkehrt haben.

Alles in allem gehört *Beaulieu* zu den etwas altdamenhaften Orten der Riviera. Für jugendlichere Personen sind noch am reizvollsten die Spaziergänge, die man von einem dieser Orte zum andern machen kann: von *Beaulieu* nach *Cap Ferrat* und *St. Jean*, und bis nach *Villefranche* – es gibt da bezaubernde Wege.

Origineller aber als dort ist es im winzig kleinen *Èze sur mer*, das nun kommt, und wo es nur ein Hotel, Terminus, gibt. Einem Gerücht nach soll der alte Poincaré sich hier manchmal erholen. Ein nicht gerade komfortabler Pfad führt hinauf zum eigentlichen, zum Dorf *Èze*, das, an der Corniche Moyenne, recht malerisch hinter Felsen kauert. Eine Sehenswürdigkeit dieses Winkels, wenngleich dem Publikum nicht zugängig, ist das Château d'Èze, das einer Vanderbuilt gehört, die mit einem französischen

Aristokraten verheiratet ist, nachdem sie es mit einem anderen schon einmal war. Der Blumengarten dieser Dame ist wahrhaftig une merveille; im Frühling eine Pracht ohnegleichen, unzählige Sorten blühen gleichzeitig. Nach dem Tode der Besitzerin soll die ganze große Herrlichkeit dem Institut de France vermacht werden. –

Cap d'Ail ist beinahe häßlich, und das Eden-Hôtel ein gleichgültiger weißer Kasten, wo man, für 150 fr., wahrscheinlich ganz gut versorgt ist, das aber als Attraktion einen schönen Badestrand mit auffallend klarem Wasser zu bieten hat. An der kleinen Corniche das anspruchslosere Hôtel du Cap Fleuri gefällt uns eigentlich immer noch besser. – Schöne Lage besitzt nur die Villenkolonie, die im Rücken die Straße und gleich vor sich das Meer hat. In einem von diesen bevorzugten Häusern wohnt die Fürstin Mechthild Lichnowski, Witwe eines der wenigen deutschen Diplomaten von Format und ihrerseits eine der wenigen deutschen Schriftstellerinnen, die Format haben. Die Fürstin, in der Gegend als La Princesse populär, hat ihre Villa einem Herrn abgemietet, der die kolossalsten und wildesten Dinge als Jäger geleistet hat, so daß Treppenhaus und Diele voll von ausgestopften Ungetümen hängen und stehen: Elchen, Büffeln und Bären: Weltrekorde, wie uns die Fürstin etwas verängstigt verrät. Zwischen solchen enormen Trophäen männlicher Unternehmungslust lebt und arbeitet diese Aristokratin, die dem Geiste dient und so der «großen Welt» (in Anführungszeichen), aus der sie kommt, längst entwachsen, in einer wirklich großen zu Hause ist.

Soviel über die untere Corniche und das, was es an ihr zu sehen gibt. Jedem, der seinen eigenen Wagen hat, sind die beiden oberen anzuraten, wir weisen nochmals mit erhobenem Zeigefinger darauf hin. Im Gebiet der oberen Corniche ist als Ausflug besonders zu raten die Fahrt nach *La Turbie* (20 Minuten steil steigende Eisenbahn oder kletterndes Auto von *Monte Carlo*). Dort sieht man fromm verzückte Amerikaner vor römischen Trümmern stehen, und ein felsiges Städtchen vom *Èze*-Typus. Zum schönen Kloster Notre Dame-de-Laghet führt ein Spazierweg von hier aus, es ist nicht weiter als drei bis vier Kilometer und man kommt an einen Ort reizenden Friedens. – Spaziert man von *La Turbie* nach der anderen Seite (will sagen Richtung *Mentone* statt Richtung *Nice*), sieht man ziemlich bald *Roquebrune* in der Höhe liegen; früher, weiß die Legende, soll es noch weiter droben gelegen sein, bis es eines Nachts infolge widernatürlicher Umstände in ganzer Größe verrutschte. Ein altertümliches Schloßgemäuer beherrscht das Stadtbild. –

Ähnliche Spaziergänge und ähnliche Felsennester gibt es hierzulande übrigens in großer Zahl. –

X …

Wir nähern uns *Monte Carlo,* wir sind schon fast da. Diese Stelle dürfte die geeignete sein, einen kleinen Abschnitt einzuschieben; der Abschnitt soll das Spiel betreffen. Wir hatten oft Gelegenheit, es zu erwähnen, aber an der Côte d'Azur ist seine Bedeutung eine so ausschlaggebende, es ist in der Tat so repräsentativ, so charakteristisch für diese Küste – und nun gar für ihren legendenumwobensten Ort: *Monte Carlo* – daß ihm wohl ein eigenes römisches X zukommt. Wir sagten schon, gleich zu Anfang, daß für viele, die an die französische Riviera reisen, der ganze Aufenthalt gleichbedeutend ist mit: Spielen. So sind nicht alle, aber «Auch-Spielen» ist fast obligatorisch für den, der zwischen *Marseille* und *San Remo* sein Vergnügen oder seine Erholung sucht.

Die Fremden allein hätten es niemals zuwege gebracht, daß der Spielbetrieb mit einer so dämonischen Stärke eine ganze Landschaft beherrschte. Der Urgrund dieses Phänomens liegt in der Natur des Südfranzosen, nicht in der des Fremden, der oft

Strand von Monte Carlo

nur mitmacht, mitergriffen wird. Jedes dritte dieser ländlichen kleinen Cafés zeigt hier an, daß es einen Bouletisch habe. Wo es keinen gibt, spielen die Männer mit Passion Karten; nicht nur abends, sondern von Mittag an, Stunden und Stunden. In jeder kleinen Kaschemme und in den Foyers der glänzendsten Kasinos und Theater sind jene Glückskästen aufgestellt, wo hinter einer Glasscheibe Pferde oder Hasen laufen, und man muß es so einrichten, daß sie an bestimmten Zahlen haltmachen oder in bestimmte Löcher fallen. Oben hat man immer Einfrancstücke hineinzuwerfen; Zweifrancsstücke bei den feineren

Kästen. Wenn man eine halbe Stunde lang spielt, kann man ziemlich viel Geld verlieren. – Mit solchen Zauberkästchen ist die Küste förmlich gespickt. Sie sind alle sehr bunt und niedlich ausgestattet und phantastisch abwechslungsreich in den Systemen. Wir haben begeistert vor unzähligen gestanden und nur zu oft 27 frs. auf einmal vertan. «In jedem echten Mann ist ein Kind, das spielen will.» Bei Gelegenheit dieses weisen Zitates wäre das Problem zu berühren: warum Künstler oft so rabiate Spieler sind. Mir scheint das mit dem Infantilismus zusammenzuhängen, der, meistens oder immer, zum Phänomen des künstlerischen Genies gehört. Kampf und Spiel sind die Urbetätigungen des Menschen, alles andere bleibt sekundär, von der Gesellschaft und der Zivilisation erzwungen. Jeder Künstler hat atavistische Züge. Das Kind und der Barbar sind in ihm, der es durch Intellekt und Willensleistung bis zum Vorkämpfer der Zivilisation, bis zu ihrem wahren Repräsentanten gebracht hat, immer lebendig, oder lebendig doch in einem geheimen, unterbewußten Teil seines Wesens. Am Spieltisch feiert nicht nur das Kind, sondern wahrscheinlich auch der Barbar Triumphe. Das Rollen der Kugel symbolisiert auf eine primitive und eben fast kindisch vereinfachte Art die gnadenlose Willkür des Schicksals. Vor unseren Augen werden Existenzen vernichtet, weil die Kugel zweimal hintereinander bei «Zéro» hält.

In die sadistische Schadenfreude des Zuschauens – atavistisches Lustgefühl, antizivilisatorisch-kindisch-barbarisch – mischt sich als prickelnde Sensation: daß es auch uns hätte treffen können. Es ist verständlich, daß Balzac und Dostojewski hingerissen vor diesem primitiven Gleichnis des Schicksals standen. – Wir machen diese Randbemerkung, ehe wir in die Spielsäle eintreten, wo wir Dichter neben geldbesessenen Kaufleuten und seelisch abgetöteten Amerikanerinnen werden sitzen sehen. –

Das populärste Spiel der Riviera heißt Boule; Bakkarat ist mehr eine Angelegenheit der Reichen und das eigentliche Roulette immer noch ein Privileg des Fürstentums *Monaco*. Boule und Roulette haben dieselben Grundprinzipien, nur ist Roulette viel amüsanter und möglichkeitenreicher. Das macht: Boule hat nur neun, Roulette sechsunddreißig Zahlen. Die Null ist bei beiden Spielen die Zahl, die einem alles zerstört: wenn sie ausgerufen wird, gehört alles der Bank, alle Zahlen, auch rouge, noir, gerade, ungerade, alles, alles. Nur wer wagehalsig Zéro gesetzt hatte, gewinnt mit der Bank. Wenn auf dem Roulettetisch die Kugel hingegen bei der Zahl hält, auf die du durch Gotteszufall getippt hattest, bekommst du das fünfunddreißigfache deines Einsatzes zurück. Das lohnt sich. (Im entsprechenden Fall bei Boule würdest du nur das achtfache einheimsen.) Will man es vorsichtiger treiben, mit geringerer Verlust- und also auch mit geringerer Gewinnchance, setzt man so, daß die Aussicht 50 zu 50 ist (bei Roulette und Boule genau die gleiche Sache): also Rouge, oder Noir, Gerade oder Ungerade, es gibt da die verschiedensten Möglichkeiten. Es gibt auch noch andere und etwas kompliziertere: man setzt auf bestimmte Gruppen von Zahlen, auf Zahlenkolonnen, so daß die Chance ein Drittel gegen zwei Drittel steht. Gewinnt man in diesem Falle, wird der Einsatz verdreifacht. Das hat alles seine Richtigkeit und scharfe Logik; auch wenn man etwa zwischen den Zahlen setzt, sich also für mehrere gleichmäßig interessiert, an mehreren gleichzeitig teilhaben möchte.

Man lernt es schnell, nur zu schnell. Gutmütige ältere Herren beraten einen zudem oft aus purer Hilfsbereitschaft; während die Kokotten es eher tun, um etwas abzubekommen. Das Arge ist, daß fast immer der, welcher zum erstenmal in seinem Leben spielt, gewinnt. Das ist eine der Listen und Verführungskünste des grünen Tisches, so fängt er sich neue Opfer. Das nächste Mal wird man verlieren, wie man heute gewonnen hat, und die Kurve des grausigsten Peches und der herrlichsten Chance, über der schon manchem der Verstand abhanden kam, wird in ihrem dämonischen Zickzack auf und ab zucken. –

Der Bakkaratspieler sieht auf Boule und Roulette

etwas verächtlich herab, denn nicht bei der rollenden Kugel, sondern am Bakkarat-Tisch werden die ganz ganz imposanten Summen riskiert.

Wir haben genug Betrachtungen angestellt: treten wir ein. Es ist das Kasino von *Monte Carlo*. Wir müssen im Vorraum unseren Paß vorzeigen; Gott sei Dank, daß wir seit neuestem 21 Jahre alt sind, sonst kämen wir gar nicht herein. Jugendlichen Eintritt verboten – was sein Vernünftiges hat, denn wo schon das Alter die Fassung verliert, was könnte da erst der unbeherrschten Jugend passieren! Wenn du dein Ticket vorzeigst, lassen die gestrengen Herren in altväterisch bunten Fräcken dich durch die breite Glastüre eintreten – aber du bist immer noch in einem Vorraum. Es ist ein prächtiger Vorraum, lichterfüllt und viele ansehnliche Menschen treiben sich hier herum, teils mit deprimierten, teils mit festlich angeregten Mienen. Rechts, wenn man vom Eingange kommt, geht es zum Büfett-Restaurant, dort können wir nachher eine Schokolade trinken und einen vorzüglichen kleinen Kuchen dazu essen. Hinten, wo ein paar Stufen hinaufführen, geht es zum Opernhaus. Aber für den Augenblick verlockt uns das Eigentliche: die Spielsäle. Sie sind wirklich das erstemal hier? Nun bin ich gespannt, was für ein Gesicht Sie machen, wenn wir eintreten.

Offen gesagt bin ich etwas enttäuscht. Sie hätten die Augen weiter aufreißen sollen. Sie sehen ja um sich wie in einem Raum, den Sie schon lange kennen. Ich habe doch recht? Und nun fangen Sie schon an, es zu erklären.

«Wissen Sie – es ergeht mir so komisch hier. Ich bin doch das erstemal in diesem Kasino, in einem richtigen Kasino eigentlich überhaupt das erstemal in meinem Leben. Dabei kommt es mir vor, als wäre ich schon hundertmal hier gewesen. Wissen Sie, man hat das alles schon so furchtbar oft geschildert gelesen, nicht nur in der Spielergeschichte von Dostojewski, oder in der von Stefan Zweig, sondern in unzähligen Büchern. Und dann ist es in hundert Filmen und Operetten und Theaterstücken gezeigt worden; in Filmen besonders –: schauen Sie doch, diese alte Dame, die da so grimmige Augen beim Spielen macht, sie sieht genau wie aus dem Kino aus! Und dann auf Photos hat man es gesehen und so viele Leute haben es einem geschildert. Wissen Sie, es ist wirklich gar nicht das Gefühl, als wenn man das erstemal hierher käme.» –

Sie sagen so oft «wissen Sie», aus Verlegenheit und um mich zu versöhnen. Natürlich ist es etwas verletzend, wenn man jemanden in eine neue Welt einzuführen gedachte und dann stellt sich heraus, daß es ihm schon eine wohlbekannte war. Übrigens verstehe ich Ihre Reaktion. Mir ist es auch schon manchmal so ergangen, zum Beispiel, als ich in Spanien das erstemal zu einem Stierkampf kam.

Nichts war mir neu, vielmehr war mir völlig zumute wie einem, der etwas wieder sieht: so sehr hatten Operndekorationen, Film und Kitschpostkarte mich an Farben, Atmosphäre und Gesamtbild der Arena gewöhnt. Es gibt Sensationen, die durch die Surrogate, die man von ihnen herstellt, abgenutzt sind, ehe man sie in ihrer Echtheit kennenlernte. – So auch die Spielsäle von *Monte Carlo.*

MONTE CARLO – MONACO

Über das Kasino von *Monte* sagt Tucholsky in einem Riviera-Aufsatz so:

«Die Fassade des Kasinos in Monte Carlo stammt von Granier, dem Erbauer der Pariser Oper. Die Fassade sieht aus …

‹Herr Graf, was denken Sie von mir? Ich bin eine anständige Frau!› – Komm mit mir in den kleinen Pawilljoohn! – Mit schmetternder Faust und mit trokkenem Pulver – Wigalaweia – ‹Ich war mit ihr im Chambre Separe, und sie hat mit ihren Diamanten meinen Namen in den Spiegel gekratzt!› – Valse Bleue und Amoureuse, und das von Zigeunern … – Spitzengeriesel und die Dessous und Frou-Frous – Wasmuths Hühneraugenringe in der Uhr – Eine Rokokoquadrille bei Hof – Ein Kuß ohne Schnurrbart ist überhaupt kein Kuß! – ‹Und sehn Sie wohl, darum ich bin: die Gigerlkönigin!› – Der Herr Kommerzienrat strich sich die braunen Favorits und sah den Besucher ernst durch seinen goldenen Kneifer an – Ein Weib mit so einem Busen! – Ihr

Casino von Monte Carlo, gegen 1890

Hochzeitsdiner hatte 24 Gänge – Ich will auch mal Viere lang fahren! – In Laque und Claque – Schenk ihr doch Dahns Kampf um Rom! – Die königlichen Herrschaften begaben sich mit den Majestäten elastischen Schrittes – ‹Donnerwetter, Donnerwetter, wir sind Kerle!› – Ihre Tochter ist jetzt im Pensionat in Lausanne – Hier muß noch ein Pendant hin – Erst hat er sie verführt und dann ... geschnürt, in Lackstiefeletten – ‹Eine Dame kann doch nicht Veloziped fahren!› – Spitzentanz und Mondesglanz und Grete findet ihren, sagen wir, Hans –
so sieht die Fassade des Kasinos in Monte Carlo aus.»

Es ist beinahe überflüssig, über das berühmte Institut was anderes zu sagen. Nur daß Panter es so gar nicht liebt, gar nicht ein bißchen gerührt ist über so viel gute alte Zeit – –? Wir sind es. Sieht man nicht Herren mit Spitzbärten auf den Selbstmörderbänken des miesen kleinen Parks hocken, den Revolver an den über Nacht ergrauten Schläfen? Hören wir nicht das Silberlachen unserer Großmütter und hatte unser leiblicher Urgroßvater nicht sein System, seine kunstvoll gezimmerte Rechnung, eigens für das Monte-Kasino? Es hat doch was von den «Galoschen des Glücks», hier zuzuschauen. Nicht anders ist es, als seist du wirklich zurückversetzt ins Jahr 85, die Luft hat sich nicht geändert, die hier weht, die Engel im Stuck der Decke, die Bilder an den Wänden, die Zierstücke im Garten ... haben Sie vielleicht Ihre Galoschen vertauscht, mein Herr?

Man spielt ziemlich hoch hier, – der niedrigste Einsatz des niedrigsten Tisches beim Boule sind zehn Francs (im Gegensatz zu den Einfranceinsätzchen in *Cannes* und *Nice*). Das Roulette, das eigentliche, mit den sechsunddreißig Ziffern und der sich drehenden Scheibe, auf der die Kugel hüpft und taumelt, ist immer noch in *Monte* allein zu haben. Das Fürstentum *Monaco* besitzt das Monopol. – Die Faszination scheint niemals an Glanz zu verlieren, die von diesen Tischen, von diesen Geräten und Klängen ausgeht. Das Klappern der Bein-Ships auf dem Tuch, das Rien-ne-va-plus der Croupiers, das Kritzeln der Bleistifte, wenn die Spieler rechnen, die scharfen Töne der Damen, wenn Glück oder Pech am höchsten sind. Spieler sind stolz auf ihre «Spielernatur», – Va banque! Sie sind auch stolz darauf, allerhand zu aberglauben, was das Spiel angeht. Kennen Sie die kleine Geschichte vom Buckel? Es ist besonders gut und ausgezeichnet nützlich, vorm Spiel einen Buckligen zu sehn und seinen Buckel zu betasten. Die Kugel hat das gern. Welch glücklicher Zufall, daß lange Zeit, gerade dem Kasino gegenüber, ein kleiner Laden sich befand, in dem ein hochgradig buckliger Mensch Postkarten feilbot. Zu hunderten kamen die Spieler täglich, um bei der Mißgeburt einzukaufen. Sie streichelten seinen Buckel und opferten so dem Glück. Das ging so viele Jahre. Der Bucklige ward alt und starb. Da sah man denn einen gutgewachsenen Mann auf dem Totenbett liegen, der ein beträchtliches Vermögen hinterließ. Der Buckel aber hing an seinen Lederschnallen überm Stuhl. –

Und dann sind Kasinos doch so wohnlich! Die Mischung aus Nervosität und Traulichkeit, die ihrer Atmosphäre innewohnt, hat doch Reiz. Sie ist etwa derjenigen eines großen Sechstagerennens zu vergleichen, bei dem es zwar sehr aufregend zugeht, das aber sehr lange dauert. Man ißt und trinkt zwischendurch, man plaudert, geht umher, hört Musik, schaut sich die Leute an und hat bei alledem den

Druck auf der Brust, die Angespanntheit im Gesicht, es ist eine kribbelige Gemütlichkeit, die hier in *Monte* freilich durch das antiquierte Milieu noch gesteigert wird. – Im ersten Stock sind Lesesäle, – unten gibt es außer den offiziellen Spielsälen noch die privaten (um da hineingelassen zu werden, muß man sich noch besser ausweisen und wesentlich mehr bezahlen, als für die offiziellen; für diese genügen ein Reisepaß, zehn Francs und Erwachsensein. Preise für die Privés: 200 Francs monatlich, 500 für die Saison und 800 fürs Jahr). – Bar, Restaurant, Theater, Konzert, – man kann hier wohnen, man kann sich einbilden, die Welt bestehe aus Kasino, – gerade, wie sie zuweilen aus Sechstagerennen zu bestehen scheint. Ein gewisser Stab von Kasinomenschen übrigens wohnt buchstäblich hier (von zwei Uhr mittags bis zwei Uhr nachts). Das sind die Damen, die dich, hinter deinem Stuhl stehend, anflehen, für sie zu setzen, die, den Buckeligen ähnlich, Glück bringen wollen, obwohl sie rank gewachsen, festlich geschminkt und nur selten sehr jung erscheinen. Das sind die Herren mit den Systemen, verrannte Rechner, die Tabellen verkaufen, auf denen das Glück mathematisch eingefangen ist. Sie selbst sind arm geblieben dabei. «Nicht genug zuzusetzen», – murmeln sie, wenn man sie auf die Sinnwidrigkeit dieses Umstandes höflich hinweist.

Die Oper des Kasinos ist gut und ehrgeizig, sie

Oper von Monte Carlo, ca. 1900

engagiert erstklassige moderne Leute. Das Diagilewballett hat hier getanzt und von Cocteaus Ballettsuiten wurden mehrere hier aufgeführt. – Vorm Haus Allee und Park sind am Abend durch köstliche Beleuchtungstricks magisch verschönt. Das blinkt rötlich hinter den Büschen hervor, das bildet Girlanden in den Zweigen der Bäume. –

Die Stadt *Monte Carlo* ist gar nicht groß, obgleich sie mit der Regierungsstadt *Monaco* zusammengewachsen ist. Neben dem Kasino ist es vor allem der Sporting Club, der uns erregt, ein niedriger weißer Bau, in dem erstaunlich hoch und ganz gefährlich Bakkarat gespielt wird. Hier einzudringen ist ein kostspieliges Kunststück. Empfehlungen und Geld sind gleichermaßen nötig. Sie finden den Sporting Club, der übrigens geheimnisvoll keinerlei orientierenden Namen über der Tür plakatiert und eher wie eine Gesandtschaft aussieht, östlich vom Kasino, in der Nähe des Postamtes.

Hotels über Hotels, Restaurants über Bars, und Tearooms über Autorennen. Welch eine Verlegenheit für den, der sie ernstlich alle aufzählen müßte. Wir müssen nicht, nicht wahr? Denn erstens wollen Sie ja in *Monte* gar nicht wohnen (fast überall an der französischen Riviera ist das Wohnen ersprießlicher als hier) und zweitens wissen, was Hotels angeht, die offiziellen Führer so beklemmend viel. Aber das Hotel Hermitage liegt schön und ist recht sonderbar gebaut, – am Abhang, vorn ganz niedrig, hinten hoch; es geht um mehrere Ecken und schneidet mit seiner langen Front ein paar Straßenzüge. Sehr teuer. Das Hôtel de Paris, – wohl endgültig eines der teuersten auf der Welt, ist äußerst erzählenswert und sein Portier weiß alles. («Ich werde den Portier vom Paris fragen», – stehende Redensart in *Monte*!) Dieses Riesenetablissement entzückt und erregt kindliche Menschen bereits durch das System von Geheimgängen und Lifts, die es mit dem Kasino und sogar mit dem Sporting verbindet; undenkbar, daß man jemals die Straße benutzte; denn diese Korridore sind nicht nur bequem, sondern auch gruselig. Für solche, die auszogen, das Fürchten zu lernen, gibt es

Blutflecken an den Wänden: Selbstmörderblut. Das überhaupt ist Spezialität von *Monte*: Neben Mondänität, festlichem Leichtsinn und Karnevalstaumel die Atmosphäre von finsterem Aberglauben und selbstmörderischer Verzweiflung. Ein deutscher Ehrenmann, Kapitän Weihe, behauptet in einem Buch, in die Grundmauern von *Monte* seien Selbstmörderleichen gebacken, – es sei dies die Manier gewesen, sich ihrer zu entledigen und erst heutzutage habe man aus sanitären Rücksichten von dieser Methode Abstand genommen. Wenn das erfunden ist, so ist es doch recht grausig charakteristisch erfunden. – Das Hôtel de Paris also ist trächtig von solchen Stimmungen und niemand darf sich wundern, Herren in großer Aufmachung sehr erregt am Fuß eines bronzenen Pferdes herumfingern zu sehen, das dort in der Halle aufgestellt ist. Das soll Glück bringen, fast wie ein Buckel.

Das Hôtel de Paris gehört nicht nur stimmungsmäßig und geographisch zum Kasino, sondern hat auch dieselbe Oberleitung wie dieses, derselbe mächtige Herr ist für beide und zudem noch für die Seebaderei verantwortlich: Monsieur Fleuri, sein Name. Dieser kennt sich gründlich aus, er weiß, daß Reichtum in *Monte* nicht standzuhalten braucht, und so wird in seinem Hotel auch den feinsten Gästen alle drei Tage die Rechnung präsentiert.

Andere Hotels? Das Hotel Ambassadeurs mit allem, was an Gaststätten dazu gehört, das burgartige Impérial, großartig vom Hügel blickend ... die Verlegenheit wächst. Englisch und arg teuer das Monopol-Hôtel am Kasinogarten, nicht ganz so arg und wienerisch das Hôtel de L'Europe. Schließlich und besonders das Riviera-Palace-Hôtel, ganz oben über den Hügeln. Dort gehen alle Zimmer aufs Meer hinaus, weil nämlich das Palace listigerweise nur ein Zimmer dick ist. Sein Wintergarten ist berühmt, aber Barbershop und Bar sind auch nicht schlecht und vielleicht ist es ganz gesund, nicht allzu intim mit dem Kasino zu wohnen, wohin übrigens alle paar Minuten eigene Busses fahren.

Den schönsten Eindruck vom Ganzen haben Sie, wenn Sie den bergigen Bau vom Quai aus sich anschauen. Das Restaurant Stale dort unten ist gut und preiswert. Man sitzt unterm Sonnendach auf der Straße; wenn der Prinz vorbeifährt, um, ein paar Häuser weiter, eine «petite fête» abzuhalten, geht es operettenhaft zu und alle Menschen winken. –

Recht fesch ist die Knickerbocker-Bar, mindestens ebenso fein die Royalty, die zum Café gleichen Namens gehört und wo man vor allem des Mittags zusammenkommt. Hier sitzen auch die Bewohner von Parc Palace, was ein teures Appartementhaus dicht daneben ist.

Was das kulinarische Problem angeht, so sind natürlich alle Restaurants der großen Hotels vorzüglich. Am vorzüglichsten wohl wieder das des Hôtel de Paris, in dem, möchte man's glauben, sogar das Omelette Surprise erfunden worden sein soll, eine Erfindung, die doch der des Pulvers nicht wesentlich nachsteht. Das Helder-Restaurant steht hoch im Kurs; sehr ernsthaft, gut und ohne Musik wird im Restaurant Ré gespeist, übrigens nicht zu teuer.

Quintos Restaurant, italienisch, ist ähnlich im Stil, vielleicht etwas teuerer, man preist vor allem seinen Champagner. Über die Weine wäre allgemein zu melden, daß die Bordeaux hier unten besser zu kriegen sind, als die Burgunder. Und von denen, die in der Gegend gedeihen, daß Bellet wohl der beste ist, – leicht aber angenehm.

Wer's gern billig haben will und trotzdem nett, der ißt auch mal im Bœuf à la Mode, Avenue de la Costa, oder in der Crèmerie Russe, Beausoleil, die auch wirklich von Russen geleitet und sehr von ihnen besucht wird und wo man nur 10 frs. für die Mahlzeit bezahlt.

Was die Autorennen angeht, so sind sie wie der Sand so zahlreich. Sehr wichtig – für die Leute von *Monaco* – bleibt, daß die großen gänzlich internationalen «Sternen-Banner-Fahrten» als Ziel und Endpunkt *Monte* haben.

Monaco selber, mit Bierbrauerei (Brasserie de Monaco) und Fürstenschloß, mit Museum und Al-

Rallye Monte Carlo, 1930

tertümlichkeit, sehr freundlich und hübsch. Das Schloß vor allem, Tonfilmdekoration ersten Ranges. Man glaubt Chevalier jeden Augenblick schallend und quer über den Hof reiten zu hören, unvermittelt ein Liedel anstimmend. Nicht weit davon die Kathedrale, die aber weiß Gott nicht besonders schön ist. Das Museum ist wegen der Aquarienabteilung so sehenswert, Tiefseetiere der phantastischsten Farben, Formen, Lebensart schwimmen in ihren beleuchteten Kästen. Außerdem gibt es alte Schiffsmodelle, Spirituspräparate, ausgestopfte Walfische, ulkige Instrumente und ein Standbild des Fürsten Albert, der sich in auffallender Weise um die ganze Tiefseeforschung verdient gemacht haben soll.

Oben, Nähe Pont St. Devote, liegt etwas sehr Schönes: nämlich der «Jardin Exotique», ein Felsengarten, der mit den rarsten Pflanzen besät ist. Wer Kakteen liebt, darf sich ihn nicht entgehen lassen, auch die Aussicht von hier oben ist weit und bei klarem Himmel soll man bis *Bordighera* sehen.

Die Hotels liegen fast sämtlich in der neuen Stadt, die «La Condamine» heißt und die Verbindung zwischen *Monte* und *Monaco* herstellt. Wir nennen Ihnen das große «Bristol et Majestic», und das kleine, schweizerische Atlantik in der Rue Suffren-Reymond, – für den Fall, daß Sie unbedingt in *Monaco* wohnen wollen. Am 17. Januar hat der Prinz Geburtstag, vielleicht möchten Sie dabei sein.

Monte-Monaco haben ihre Saison fast nur im Winter. Am ersten Mai schließt sehr vieles hier. Hitze und Staub liegt über den kleinen Anlagen und die Tauben des Kasinos entbehren der Fütterung durch die Fremden. Auch der Prinz verreist. Die große Frage der Erbfolge nebenbei beschäftigt die Gemüter noch immer hitzig. Im Reisebüro Schenker zu München sitzt arbeitend ein junger Mensch, der Anspruch erhebt, und vieles spricht für ihn. Aufgepaßt, die Herren Tonfilmdichter! «Und der junge Prinz nahm seinen Stempel, stempelte sich sein Ticket und fuhr heim in sein Fürstentum.»

ZWISCHEN MONTE UND ITALIEN

Hinter *Monte* kommt nicht mehr viel, – wir nähern uns in bedrohlicher Eile der Grenze. Zwischen *Monte Carlo* und *Cap Martin* wollen wir keinesfalls den Beach and Country-Club vergessen. Er nimmt ein ziemliches Stück Meeresufer ein, mit Badestrand und mit Tennisplätzen, die über dem Strand als Terrassen zur Straße steigen. Für Leute, die in *Monte* leben müssen, wo alles so fein und altmodisch ist, denke ich es mir prachtvoll, halbe Tage hier im Badeanzug rumzuliegen und zuzuschauen, wie die andern sich beim Tennisspielen plagen.

Das große Hotel von *Cap Martin* ist noch eines der repräsentativen Riviera-Prunkstücke, mit Park, Galaaussicht über Felsen zum Meer. Doch erreicht es *Cap d'Antibes* nicht völlig; übrigens ist es auch nicht ganz so gräßlich teuer (120 frs. Vorsaison, 140 frs. Saison). Die unteren Hotelräumlichkeiten (Bar, Tearoom, Coiffeur) sehen eigentlich nach ärgeren Pensionspreisen aus.

Hinter dem Hotel liegen noch ein paar Villen

(Ricki-house und andere), – es ist der letzte intime Ort der französischen Riviera.

Der letzte große französische Ort ist *Mentone*, das aber schon halb italienisch anmutet. Vielleicht gehört ihm unsere Liebe deshalb nicht ganz, obwohl der Führer es die «Perle» nennt und Karl der Erste diese originelle Prägung erfunden haben soll. Wir also sind der Ansicht, daß es gar nicht einmal so herrlich ist in *Mentone*. Altertümlich, wie *Monte*, aber ohne die Großstiligkeit, die für dieses immer noch bezeichnend ist. Eine verblühte Schöne, die freilich ihrer freundlichen Charaktereigenschaften wegen sich eines ziemlich regen Zuspruchs erfreut. Die Felsen, von denen es recht großartig umgeben ist, sichern ihm besonders milde und zuträgliche Luft, keinen Nordwind, keine Kälte. Im Sommer wird es scheußlich heiß, *Mentone* schließt dann fast völlig.

Die Altstadt, reichlich italienisch, liegt oben auf dem Berg, die schönste Aussicht hat man vom Friedhof aus, oder von dem Terrassenplatz, auf dem die St. Michel-Kirche seit sechzehnhundertundsoundsoviel auf *Mentone* schaut.

Unten in der Bucht (in der Westbucht, genauer gesagt, – sie unterscheiden dort zwischen West- und Ostbucht) ist es vor allem die Promenade du Midi und das öffentliche Gärtchen (Jardin Public), wo man sich ergeht. Die Ostbucht hat den Quai Laurenti zum Spazieren aufzuweisen.

Im übrigen bietet *Mentone* alles, was man an konventionellen Vergnügungen von einem konventionellen Ort erwarten darf. Schießen Sie Kaninchen, fahren Sie Regatten, mieten Sie Einspänner und Motorboote. Über das Konventionelle hinaus ragen ein paar Konditoreien, vor allem ein Rumpelmayer (am Jardin Public) und ein Russian Eagle (oben, beim Hotel Annonciata, – Sie fahren mittels Drahtseilbahn hinauf). Für Leute, die das Essen sehr ernst nehmen, gibt es vor allem Amirauté oben, überm Quai Laurenti, am besten per Lift zu erreichen. Amirauté ist sehr, sehr teuer und gehört zu den Tempeln für Kenner, wo man alles vorher mit den maîtres abkartet und wo viel geheimnisvolles Wesen am Platze ist.

Etwas harmloser, aber sehr gut, ist auch die italienische Pergola, unterhalb gelegen, mit schönen Balkonen aufs Meer hinaus und man kann speisend den Leuten zuschauen, die schwimmen. Es badet sich ausgezeichnet im geschützten *Mentone*, besser etwa, als am *Cap Martin*, wo die Wellen ein bißchen allzu heftig branden und wo sie einen gegen die dekorativen, aber scharfen Felsen schleudern, man weiß nicht, wie.

Hotels, Sanatorien, das Casino Municipal, alles da, alles vorrätig. Hundert verschiedene Preislagen, man kann zu 20 frs. täglich wohnen oder zu 150. Am Meer, auf dem Berg, in der Stadt. Privat, in Etagen, in Villen. (Es gibt deren 500 und sie kosten zwischen 20 000 und 100 000 frs. für das Halbjahr.)

Alles in allem: *Mentone* ist etwas weniger kostspielig als *Nizza* oder gar *Cannes*. Nicht sehr zu empfehlen für die Sensationslüsternen unter uns, wohl aber für solche, die ein bißchen mitgenommen und erholungsbedürftig sind. Unsereins steht in *Mentone* gern an der Barriere und freut sich auf die Sekunde, in der der Rivieraexpreß, blitzend vor Schick und Geschwindigkeit, vorbeisaust. Freilich ist auch er nicht mehr das, was er war. Er geht zwar schneller als früher, aber das, was Urgroßvati immer von ihm erzählte, stimmt nicht mehr ganz. Er ist weder so reichtums-, noch so abenteuergeladen, wie damals, darin dem Gesamtzuschnitt der Küste entsprechend. Die Luft von Alltagsferne und phantastischen Ferien ist weg. Der Expreß ist ein komfortables Fortbewegungsmittel, aber nicht mehr das blaue Wunder von früher.

Gleich hinter *Mentone* und der Schranke kommt die Grenze. Kramen wir all unsere Papiere hervor, damit es nicht im letzten Augenblick noch Ärger setzt.

DIE ITALIENISCHE RIVIERA

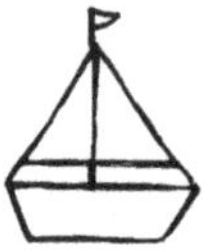

RIVIERA DI PONENTE

Die italienische Küste ist mehr Heimweg für uns, als eigentlicher Aufenthalt. Sollen wir Ihnen verraten, daß wir sie nicht mehr ganz ernst nehmen, und daß wir den Eindruck haben, die Welt nehme sie nicht mehr ganz ernst? – was aber wahrscheinlich bloß daher kommt, daß man immer glaubt, die Welt interessiere sich nur für das, was auch uns interessiert.

In Wahrheit gibt es sicher sehr viele Menschen, denen diese Riviera Italiens das bedeutet, was uns die französische ist; die jedes Jahr hierher kommen; die jeden Winkel hier kennen; die behaupten, nirgends sei die Bevölkerung so liebenswürdig, klug, gastfreundlich, wie hier, nirgends blühten die Blumen so schön, nirgends könnte man so gut schwimmen.

Der Teil der Küste, der von *Ventimiglia* bis *Genua* reicht und *Riviera di Ponente* genannt wird, ist der stillere und weniger «mondäne» – mit der einzigen Ausnahme von *San Remo* – (doch, offen gesagt:

sehr, sehr mondän wird es hinter *Genua* auch nicht). Trotzdem sind diese italienischen Orte nicht billiger, als die französischen, sondern, alles in allem, entschieden teurer.

Man merkt es gleich, wenn man im Bahnhofsrestaurant von *Ventimiglia* ißt (in *Ventimiglia* ißt man immer im Bahnhofsrestaurant zu Mittag, immer hat man Aufenthalt dort und mit keinem anderen Städtenamen verbindet sich eine solche Vorstellung von Bahnhof, Grenze, Umsteigen, Paß- und Gepäckkontrolle – «rien à déclarer?» – Trägern, die mit ihrem Trinkgeld nicht zufrieden sind, eiligen Mahlzeiten, Geldwechseln*). Dabei gibt es natürlich noch allerlei andere Dinge in *Ventimiglia* zu besuchen, das sogar ein Bischofssitz ist: eine Kathedrale und, vor allem, den sehr hübschen und bunten Blumenmarkt, um 4 Uhr nachmittags.

Der erste größere Ort ist *Bordighera*, berühmt wegen seiner Dattelpalmen und seiner friedlichen Stimmung. Deutsche und englische Herrschaften erholen sich dort gern. Es zerfällt in eine Altstadt und in eine Neustadt; die Altstadt ist hübscher, aber

---

* Wer aus Deutschland über Italien nach der französischen Riviera fährt, teilt am besten die Reise so ein, daß er abends in *Ventimiglia* anlangt, im Hotel, dem Bahnhof gegenüber, übernachtet und morgens dann in den Zug nach Frankreich einsteigt. Man erspart so einige Stunden öden Grenzaufenthalts.

natürlich wohnt man nicht dort. Das fashionabelste Hotel ist das Hôtel Cap Ampeglio (mit prachtvollem Garten). Andere heißen Hesperia, Belvedere usw. Im Palmenhain ist es angenehm zu spazieren, und man freut sich der Blumenpracht, die wir dem 1912 verstorbenen Gartenkünstler Winter verdanken.

Leider hat dieser ganze Küstenstrich Steinstrand, auch *Bordighera*. Das gibt den Promenaden etwas Staubiges. Auf der Promenade von *Bordighera* stehen gelbe, grüne und blaue Bänke; auch einige steinerne. Auf den Bänken sitzen meistens ältere Damen und Herren. – Auf der Hügelstraße, Strada dei Colli, kann man spazierengehen.

Dann kommt *Ospedaletti* – friedlich, friedlich, friedlich – schon mehr für Halbkranke; mit Kramers Grand-Hôtel und dem vorzüglichen Hôtel de la Reine. Immer noch Steinstrand. Ein Kasino vermag über all diese erholsame Öde nicht zu trösten, noch hinwegzutäuschen. Man kann nach *San Remo* mit der Trambahn fahren.

San Remo rechnet. Seriöse Spieler, die wirklich fest dazu entschlossen sind, sich gründlich ruinieren zu lassen, nehmen sein Kasino so ernst, wie das von *Cannes* oder *Monte*. Große Ehre für die Stadt *San Remo* – und ihr üppig renoviertes Casino Municipale ist in der Tat der Mittelpunkt, die Attraktion des Ortes. Dort wird in achtunggebietendem Stile Geld verloren.

San Remo liegt in einer breiten Bucht zwischen dem *Capo Nero* und dem *Capo Verde*. Es hat jetzt dreißigtausend Einwohner und zerfällt in eine Altstadt und in eine Neustadt. Die Altstadt von *San Remo* gehört zu den schönsten Dingen der italienischen Küste, sie ist eine ihrer wirklichen Sehenswürdigkeiten; winklig, düster und voll pittoreskem Gerümpel.

In der neuen Stadt ist die wichtigste Straße Via Vittorio Emanuele, wo man seine Einkäufe macht (und an der auch das berühmte Kasino liegt). Man promeniert sich eins auf dem Corso dell' Imperatrice; in der Ostbucht findet sich eine deutsch-evangelische Kirche und eine Via Wolfgango Goethe; das klingt doch nett.

Gegenüber dem Kasino das brave Hôtel Europa, um dort, schon halb erledigt, Spaghetti zu essen und, mit einem Schlafmittel versehen, zu ruhen. Hôtel Royal, Savoy, Miramare – usw.: sie alle erlauben es nicht, sie verächtlich zu machen. Wir empfehlen besonders das Grand Hôtel des Anglais, ausgezeichnet geführt, in schönstem Garten, wo sich jeder wohlfühlen muß.

San Remo, von Villen und Gärten umgeben, ist seinerseits großstädtisch, staubig und laut. Die Eigenschaften staubig und laut teilt es mit der kurvigen Landstraße, die wir, Richtung *Genua*, weiterverfolgen; nur daß die Landstraße von Löchern ganz zerfressen ist. Protzige Steinhaufen, die sie zum Überfluß auf die Hälfte ihrer Breite reduzieren, sollen nun schon seit Jahren andeuten, daß sie einmal neu gerichtet sein wird. Wir glauben's nimmer.

Das Hinterland ist hügelig und freundlich. Die Küste könnte manchmal mit der Côte d'Azur verwechselt werden. Aber es ist nicht mehr das. Nein, das ist es nicht mehr.

Das Dörfchen *Taggia* liegt malerisch da. Die ligurische Kunstschule soll sich von hier aus entwickelt haben – was sich verstehen läßt. Heute leben die Leute von den großen Gärtnereien, die den Ort charakterisieren. – Man sieht schon Fabriken.

Oneglia (östlich) und *Porto Maurizio* (westlich) bilden gemeinsam die Provinzhauptstadt *Impéria*. Die beiden sind, jedes für sich, sehr liebe Hafenstädtchen.

Die Landschaft ist kahler geworden, auch felsiger. Man hat nicht mehr so sehr das Gefühl, in einer Fremdengegend zu sein. Trotzdem kommt nun *Alassio,* das gerade bei distinguierten Fremden einen ausgezeichneten Namen hat.

Man empfiehlt es sehr, es ist guter Stil. Guter, feiner, zurückhaltender Stil. Zunächst tut er sich durch seinen Sandstrand hervor, nachdem es bis jetzt überall so steinig war – richtiger, feiner Sandstrand. Grand-Hôtel d'Alassio und das Méditerranée werden von Familien besucht, die auf sich halten.

Es genügt, wenn man *Diano Marina* als einen freundlichen Ausflugsort von *Alassio* aus betrachtet. Es liegt in einer Bucht und treibt Ölhandel.

Albenga ist ein Ort, in dem man sich eine alte Stadtmauer und die ehrwürdigen Überreste einiger Adelshäuser anschauen kann; auch die Kathedrale und das romanische kleine Gotteshaus S. Maria in Fontibus. Hier zu bleiben, besteht für den Reisenden nicht viel Anlaß.

Strand und Hinterland werden immer weniger gegliedert; man könnte sagen, daß sie öder werden. Dafür ist mehr Platz, weitere Blicke – nicht nur Villen und nur Hotels – und die kleinen Ortschaften (*Ceriale, Loano* usw.) scheinen nicht mehr auf Fremde zu warten. Hingegen erholen sich hier italienische Kinder. Man kommt an zwei Heimen dieser Art vorüber, und an mehreren Stellen ist der Strand übersät von braunen jungen Körpern, die hier turnen oder in der Sonne braten.

Die nächsten Orte, in denen sich wieder Reisende niederlassen, sind *Pietra Ligure* und *Finale Marina*. Wedderkop sagt etwas Hartes über diese Plätze und, offen gesagt: bleiben möchten wir hier auch nicht, obwohl es eigentlich keine ungemütlichen Orte sind. In *Finale* gibt es eine schöne Barockkirche. (Bernini.)

Aber *Noli* ist etwas Besonderes. Ein Fischernest mit reizvoller Atmosphäre. Noch sehr still, sehr wenig überlaufen. Hier könnte man sich einmal ein paar Wochen hinsetzen, wenn man Frieden, schöne Spaziergänge, Beisammenhocken mit alten Fischer-Originalen mag.

An *Spotorno* lobt man immer den Badestrand. Sonst scheint über *Spotorno* nicht viel zu sagen. Hingegen ist *Savona* bedeutend. Alter Bischofssitz, mit schönem Dom vom Beginn des 17. Jahrhunderts; andererseits aber Fabrikstadt (Glas- und Majolikafabrikation vor allem), mit einem großen Arbeiterviertel. Die Einfahrt in *Savona* ist wie die Einfahrt in irgendeine große Stadt: verraucht, grau und recht traurig. – Eine Sehenswürdigkeit des alten Bischofssitzes: die Schwebebahn, die für die größte dieser Konstruktion in Europa gilt.

Wir nähern uns *Genua*. Bildet man sich's ein, daß es überall ein wenig nach Fabriken riecht? Es könnte schon stimmen. – *Arenzano* hat wieder etwas mehr Fremdenort-Charakter. Das Grand-Hôtel ist ein gelber, freundlicher Kasten.

Die Sehenswürdigkeit im Städtchen *Pegli* ist die Villa Pallavicini, in die jeder eintreten sollte, der sich für ethnographische Sammlungen interessiert und für einen Park voll üppiger Gewächse, der auch durch Tropfsteingrotten und verkniffene Wasserkünste zu verblüffen versteht. – *Pegli* ist, vor *Genua*, unsere letzte Station. –

Wenn wir die ganze Zeit im Automobil gesessen sind, hatten wir weiterhin gräßlichen Ärger mit der

Straße, die an Schlechtigkeit wirklich nichts zu wünschen übrig ließ. Im Zug ist es angenehmer, obwohl man dort auch seine kleinen Schrecken erlebt, denn wenn man, zum Beispiel, in seiner schicken chemise d'Antibes, in der die Dandys in den Nachtlokalen von *Cannes* und *Juan-les-Pins* tanzen, nachmittags um 4 Uhr eine Orangeade im Speisewagen trinken will, stellt sich heraus, daß Herren ohne Jackett nicht serviert wird. Das nenne ich Zucht. In meinem Frankreich war's doch anders.

Ehe wir in *Genua* aussteigen, müssen wir doch, um der Gerechtigkeit Genüge zu tun, darauf aufmerksam machen, daß die *Riviera di Ponente* stillen, erholungsbedürftigen Männern, Frauen und Kindern wirklich warm zu empfehlen ist.

GENUA

Siehe H. v. Wedderkops Band über «Oberitalien» in der Serie «Was nicht im Baedeker steht».

Er ist uns, in dieser Stadt, zuvorgekommen, sie lag auf seiner Route, wie auf unserer; er hat vortrefflich geschildert, was es hier zu sehen gibt – und uns also überflüssig gemacht.

Zweifelsohne wird er seine Gründe haben, wenn er das Grand-Hôtel Isotta empfiehlt. Wir hätten zum Hôtel Savoia geraten, weil wir es eben gerade gut kennen und weil es ausgezeichnet geführt – nicht zu teuer – ist.

Am großstiligsten scheint das Colombia. Sowohl zum Savoia, als zum Colombia führen neuerdings vom Bahnhof aus unterirdische Gänge, in denen es noch sehr reizvoll nach frischer Tünche riecht; ein ganzes kleines System von weißen Korridoren – etwa wie sie vom Excelsior zum Anhalter Bahnhof gehen –: wahrscheinlich hat es den Italienern großen Spaß gemacht, das anzulegen, es hat etwas zugleich so Amerikanisches und raubritterhaft Mysteriöses.

Früher mußte man über die Piazza Acquaverde spazieren.

Es ist sehr hübsch vor den Cafés dieser Piazza zu sitzen und Eis zu essen. Das Eis schmeckt hier himmlisch, es gehört zum Besten, was Italien zu bieten hat – und auf diesem Platze ist beinahe immer was los.

Überhaupt ist viel Betrieb und Geschäft in den engen und dunklen Gassen von *Genua*, diesen «Straßenschluchten», deren Schilderung uns also der Wedderkop vorweggenommen hat. Meistens tut sich etwas Militärisches, ein Umzug von Schwarzhemden, eine kleine Parade. Schweigen wir hiervon, kein Wort über Politik, sonst gäbe es viele und böse Worte.

Die Gassen sind steil, die Stadt ist bergan gebaut; daher die vielen Tunnels und Lifts. Trambahn und Automobil müssen hinaufklimmen; es ist fast wie in San Franzisko. Vielleicht sind es diese vielfachen steilen und finsteren Perspektiven, die einer eher nüchtern temperierten Geschäftsstadt den etwas romantischen, ja, verwunschenen Aspekt geben, welchen *Genua* hat. Es ist eine merkwürdige Stimmung in diesen geräusch- und lebensvollen Gassen: man kann sich immer vorstellen, daß man in einigen hundert Jahren durch sie ginge und daß sie dann noch genau so aussähen wie jetzt, aber ganz leer, stumm und tot, so daß man sich dann immer sagen müßte: hier war es einmal ungeheuer belebt; hier

Genua, 1930

fuhren Lifts auf und nieder, ratterten durch Tunnels Lastfuhrwerke. Jetzt ist es so grabesfriedlich – – – Mitten in allem Betrieb hat man den Eindruck, daß man in ein paar hundert Jahren so denken könnte.

Dieser mystische Einschlag der imposant belebten Geschäftsstadt kommt vielleicht auch daher, daß man sie so mit Historie beladen weiß; voll von geschichtlichem Spuk und vergangenen Abenteuern. Ja, man wäre doch kein deutscher Reisender, wenn man nicht Fieskos Schatten an einem dieser alten Paläste aufsteigen sähe. – In *Marseille* fehlt dieser dunkle Einschlag gänzlich – wie zwischen diesen beiden Hafenstädten überhaupt ein denkbar großer Gegensatz besteht. *Genua* wirkt gravitätisch, im Vergleich zu *Marseille,* das so viel sinnlicher, farbiger, leichtfertiger ist. Auch fehlt in *Genua* durchaus jener afrikanisch arabisch-negroide Einschlag, der uns *Marseille* doch so bezaubernd macht. *Genua* hat große europäische Tradition, es ist durch und durch anspruchsvoll (das ist es) – während *Marseille* vollkommen voraussetzungslos scheint, einfach nur Hafen, der Hafen par excellence. – Es ist charakteristisch, daß jenes «Viertel», das quartier privé, reservé, das in *Marseille* etwas wie ein heimliches, inoffizielles Zentrum der Stadt bedeutet, in *Genua* außerhalb liegt und, wie man uns sagt, recht umständlich zu erreichen.

Durch *Marseille* schlendert man lüstern, neugierig, ganz aufs Abenteuer eingestellt und bestürmt von tausend fremdartigen Gerüchen und Bildern. In *Genua* geht man seriös spazieren, wie in einer richtigen Stadt.

Man spaziert zum Camposanto, einem der stattlichsten Friedhöfe der Welt; hinunter zum Hafen und zu den paar sehenswerten Kirchen und Palästen (siehe Wedderkop – siehe Wedderkop – –).

Während er Ihnen etwa den Palazzo S. Giorgio zeigt, führen wir einige von Ihnen heimlich anderswohin; zum Beispiel zur Piazza Fontane Marose, wo es etwas gibt, was uns schließlich besonders angeht, nämlich ausgezeichnete Buchhandlungen; kühle Gewölbe – man steigt ein paar Stufen hinunter –, und unten ist man international sehr auf dem laufenden.

Merkwürdig: jede Stadt scheint doch von einem gewissen Menschentypus beherrscht, von einer ganz bestimmten Menschenklasse, von einem Alter, einer Generation. (In sehr großen Städten, in Berlin, in Paris, kann man dies oft noch genauer verfolgen und einteilen; nach einzelnen Vierteln; und es wechselt auch mit den Tageszeiten. Um 5 Uhr nachmittags herrscht dort dieser Typus, um 12 Uhr mittags dort jener.) Ja, es gibt französische Orte, in denen eine Art von überreifer, buntbemalter Dame dominiert, halb Kokotte, halb Bourgeoise; behäbig und doch verdächtig, und wiederum korrekt in ihrer Anrüchigkeit; in vielen deutschen Städten bestimmt der stramme Herr «in der Blüte seiner Jahre» das Straßenbild, mit Mappe unterm Arm, geröteter Speckfalte am Nacken, grimmigen Schmissen am Kinn; in vielen amerikanischen das «Girl».

In italienischen Städten, kommt uns vor, ist es meistens der junge Mann, der vorherrscht; der junge Mann zwischen achtzehn und dreißig, der, ohne Paletot, mit blankgeputzten Halbschuhen, Filz- oder Strohhut schief auf dem Kopf, Hände in den Taschen, Zigarette zwischen den Lippen, vor den Cafés sitzt, auf den weiten Plätzen, auf den Freitreppen der öffentlichen Gebäude steht. So auch in *Genua*. Sie diskutieren in Gruppen, sie lachen, sie streiten sich; sie scheinen ganz allein da zu sein. Die Dame, der ältere Herr treten zurück, auch der Knabe. Die Stadt scheint dem jungen Mann zu gehören, er entscheidet ihr Schicksal. Das hat etwas zugleich Erfrischendes und Beängstigendes. Denn diese jungen Leute sehen zwar selten bösartig, aber niemals sehr friedliebend aus.

RIVIERA DI LEVANTE

Der Teil der italienischen Küste, der von *Genua* bis *Spezia* führt, heißt *Riviera di Levante.* Er entspricht etwa dem Abschnitt der Côte d'Azur zwischen *Mentone* und *Cannes*; das heißt: er ist der repräsentative, der zugleich luxuriösere und populärere Abschnitt der Küste. Wenn wir sagen «entsprechen», meinen wir nicht, daß er irgendwie an diese französische Gegend erinnere. Nein, er ist sehr, sehr anders – wir werden's schon sehen. Wir meinen nur, daß hier die Orte liegen, deren Namen eine fast ebenso große Anziehungskraft für den naiveren Vergnügungsreisenden haben, wie *Monte* und *Nice*: *Rapallo, Portofino, Santa Margherita.*

Es ist selbstverständlich, daß die Levante alle Bequemlichkeiten einer richtigen Riviera bietet – zum Beispiel auch jene ausgezeichneten Autobusverbindungen, die wir nun schon kennen. Man kommt von überall ziemlich bequem überall hin. Auch die Taxis sind nicht unerschwinglich. Die Eisenbahnstrecken zeichnen sich dadurch aus, daß sie fast immer durch

Tunnels gehen; Tunnels, Tunnels, Tunnels, es ist recht abscheulich. Dazwischen hat man, sekundenlang, Ausblicke auf schöne Hügelland-Landschaften, Olivenhaine und die bekannten pittoresken kleinen Ortschaften.

Es fängt an mit *Nervi*, das von üppigen Parks umgeben ist. In den Parks liegen, breit und kostspielig, die dazugehörigen Villen. *Nervi* wird von feineren Menschen gern besucht, wegen seines auffallend milden Klimas – soll es doch in der Tat das mildeste an der Küste haben. Deutsche gehen in großen Scharen hierher; in letzter Zeit aber besuchen es auch mit Vorliebe Herrschaften der großen italienischen Gesellschaft. Seine sanfte Temperatur verdankt *Nervi* vor allem dem Monte Fasce, der eigens dazu da ist, um die Nordwinde abzuhalten. Unternehmungslustige besteigen ihn auch, wir taten es nie, die Aussicht soll prächtig sein.

Die großen Gasthöfe heißen Grand-Hôtel Eden, Savoia usw. – wie sollten sie anders heißen. Der Stadtpark heißt nach dem Marchese Grapallo, dem er einstmals gehörte; jetzt kann jeder drin spazierengehen und eine allgemein beliebte Gruppe von Dattelpalmen bewundern. Die Promenade heißt la Marina, es machte keinen Unterschied, wenn sie anders hieße. Ist es nicht zu heiß, oder hat man nicht andere Abhaltungen, genießt man die agreable Aussicht, die sie bietet.

Kein Wort sonst von *Nervi.* Es ist für alte Leute empfehlenswerter, als für junge; für solche, die Behaglichkeit suchen mehr, als für uns andere, denen Behaglichkeit nicht gerade das höchste Lebensgut ist. –

Ganz anderen Charakter haben die Nester *Recco* und *Camogli.* Beide sind charmante kleine Hafenplätze, winklig, schmutzig, liebenswert. In *Recco* ist die Kirche S. Francesco zu besuchen, Ende fünfzehntes Jahrhundert, mit einer sehr guten lombardischen Madonna in *Camogli* die barocke Pfarrkirche. – Man soll die beiden altertümlichen Städtchen nicht übersehen, sie haben mehr Reiz als andere, die so viel berühmter sind.

Von *Recco* aus kann man den Aufstieg in die Höhe nach *Uscio* machen. Der Weg hinauf ist hübsch und abwechslungsreich. Oben gibt es ein originelles Institut zu besuchen, eine Art Sanatorium, eine Erholungsanstalt, aber eine mit strengen Prinzipien. Man lebt dort in Hütten und, soweit wir berichtet sind, gibt es zu den Mahlzeiten hauptsächlich Abführmittel. Auch darf jede Dame, die dort einen neuen Menschen aus sich machen will, nur mit einer einzigen Robe im Schrankkoffer Einzug halten. Das ist hart, aber gerade die kapriziösesten Ladies fühlen sich ja durch so was angezogen. *Uscio* scheint darauf auszugehen, sowohl den moralischen, als den physischen Menschen zu regenerieren.

Portofino ist sowohl von *Recco*, als von *Santa Margherita* aus gut zu erreichen. Manche Führer behandeln es als eine Art Ausflugsort von *Santa Margherita*. Wie dem auch sei: es ist einer der schönsten Plätze an dieser Küste – vorsichtig ausgedrückt: denn wahrscheinlich ist es wirklich der allerschönste. Es läßt sich verstehen, daß die Franzosen, Engländer, Spanier und Österreicher sich um seinen Besitz zankten – denn das taten sie, fünfzehn Jahre lang. Schließlich war es Napoleon, der entschied.

Das Vorgebirge von *Portofino* liegt eckig ins Meer hinaus gelagert. Es hat felsig abstürzende Ufer, hochtheatralisch, sehr pittoresk. Ja, so haben sich die Hochzeitsreisenden, die hierher kommen, die italienische Küste erträumt. Es ist beinahe zu echt. Doch wir wollen keine Einschränkungen machen. Der kleine Fischerhafen, *Portofino-Mare*, von so romantischen Felsen umgeben, kann nichts dafür, daß man sein Bild auf zahllosen Kitschpostkarten in der ganzen Welt verbreitet und daß es so im Kopfe jedes dummen Italienschwärmers sitzt. – Der kleine Fischerhafen ist zauberhaft.

Vom Marktplatz aus, an dem auch die kleinen und übrigens sehr anständigen Restaurants liegen, hat man den Blick auf die Hügel, die das Vorgebirge abschließen. Alles ist hier unten unsinnig eng; mehr idyllisch. Großartig wird es erst, wenn man hinaufsteigt (Pfade führen hinauf, auch Treppchen).

Schwatzhafte Frauenspersonen umlagern einen, die samt und sonders Spitzen verkaufen – hübsche Spitzen, aber was sollen wir damit?

Von oben hat man einen großen Blick, nach beiden Seiten die Küsten entlang, und hinunter ins Meer, das in wilder Brandung an den Felsen emporschäumt. So viel Hochzeitsreisende es auch gesehen haben: es ist immer noch imposant. Mehr als das: es ist wirklich sehr schön. – Oben stehen sowohl die Villa der Gräfin von Carnarvon, als auch das Castello di S. Giorgio.

S. Giorgio ist ein Schutzheiliger des Ortes; der andere S. Martino. Nach dem Heiligen Martin heißt eine Kirche, in die wir eintreten sollten. Man sagt, sie ist aus dem zwölften Jahrhundert. Fresken an der Wand geben Schildereien aus dem Leben des Heiligen. – Das Kirchlein des S. Giorgio steht auf der höchsten Höhe des Felsens. Etwas von der Asche des Märtyrers wird hier verwahrt.

Schade, daß heute nicht der Sonntag ist, der auf den 23. April folgt, denn sonst gäbe es hier religiöse Festlichkeit, mit Prozession. Reliquien werden durch den Ort getragen; außerdem gibt es Jahrmarktsunterhaltung. Es soll reizend sein. – Da wir aber einen ordinären Wochentag haben, nehmen wir Abschied. Ungern – denn nun müssen wir nach *Santa Margherita*, das wir lange nicht so liebenswert finden werden.

Die Straße *Portofino-Mare–Santa Margherita* gilt für eine der schönsten Italiens. Wahrscheinlich ist sie es. Als Einwand gegen sie könnte man wieder sagen, daß sie zu schön sei. Nein, so was an schön. Aber das ist spitzfindig, ohne Frage. – Napoleon hat sie angelegt. Wenn man keinen eigenen Wagen hat und es einem zu vulgär ist, sie mit dem Autobus zu befahren, steht einem ein höchst rührend vorsintflutliches Gefährt zur Verfügung, eine Art Pferdebahn, in der man schließlich auch vorwärts kommt.

An der Strecke liegt *Paraggi*, mit Badestrand, Gasthaus und altem Schloß. Wenn man, vom Autobus aus, die Leute in einem ganz durchsichtig blauen Wasser schwimmen sieht, wird man wahnsinnig neidisch. Das alte Schloß erschüttert einen weniger.

Was sollen wir Ihnen von *Santa Margherita* sagen? *Santa Margherita*, das schon so vielfach beschrieben, so vielfach wunderbar schön gefunden worden ist? Wir haben, offen gesagt, keine besonders intime Beziehung zu ihm. Von Städten gehen bekanntlich erotische Strömungen aus, wie von Menschen; oder sie gehen nicht aus. Nicht jeder ist geeignet, jede zu empfangen. Wenn von *Santa Margherita* welche ausgehen, waren wir eben nicht geeignet, sie zu empfangen. (Aber sehr tolle Strömungen gehen wirklich keinesfalls aus.)

Wie wenig reizvoll der Platz ist, merkt man erst,

wenn man ihn gleichsam dort überrascht, wo er sich unbeobachtet glaubt, wenn man ihn nämlich von hinten sieht, etwa auf einem Spaziergang nach *Ruta*. Hotels, Hotels, Hotels. Nein, da sind keine Strömungen.

Die Hotels heißen: Eden, Continental, Terminus, Laurin – und wie sich Hotels sonst noch nennen. Sicher sind einige von ihnen ausgezeichnet geführt; einige weniger. Der Hauptverkehrsplatz ist die Piazza Mazzini (von wo auch die Autobusse ausgehen); mit Läden, Cafés, Musiktempelchen und einem etwas lächerlichen Denkmal des Victor Emmanuel.

Sehenswürdigkeiten: die Villa Centurione, inmitten der Stadt, mittelalterlich, mit schönem Garten. (Besucht vor allem den Garten!) Die Pfarrkirche der Madonna della Rosa. Auf dem Weg nach *Rapallo* das Hôtel Imperial (frequentiert von reichen Amerikanern) – weil dort 1922 der deutsch-russische Vertrag abgeschlossen wurde (wenn Sie's interessiert).

Ja, was sollen wir von *Santa Margherita* sagen? Viele Leute finden, daß es im Winter dort sehr angenehm zu sein ist – «geschützte Lage», müssen wir's eigens vermerken? –, sowohl Deutsche, als Engländer (Italiener gehen mehr im Sommer hin). Es liegt an der westlichen Bucht des Golfes von *Rapallo*. Es gibt dort Palmen, Zeitungskioske, Autobusse, Engländerinnen und, immer noch, ein paar Fischer. Spitzenindustrie soll bedeutend sein. – Alles in al-

Rapallo, 1930

lem: ein Ort, über den der echte Baedeker das Wichtigste aussagt.

Und so gehen wir nach *Rapallo*.

Villen gruppieren sich um eine Bucht. Das altmodisch-feine Privathaus beherrscht das Bild mehr, als das große Hotel. Man hat den Eindruck: eine Rentnerstadt. Bürgerlich-friedlich. Sehr, sehr neunzehntes Jahrhundert.

Vorne am Meer ist es etwa eine Mischung aus *Sanary* und Baden-Baden. Will sagen: Fischernest, wo aber komischerweise offene Droschken stehen, mit Sonnendächern (offene Droschken erinnern doch immer an Baden-Baden). Freundliche Prome-

Rapallo, 1930

nade, mit dem Café Aurum, wo man sich trifft. Daneben hat man jetzt ein «Nachtlokal» aufgemacht, ganz auf keß. A la Taverne du Chat Noir, mit kulissenhafter Tapete, und an alle Damen werden rote

Schürzchen verteilt – nur so, aus Verworfenheit. – Und der Promenade vorgelagert liegt ein paar Meter draußen im Meer das Kastell, wirklich altersgrau.

Wenn man am Meer, hinter dem Kastell, weiterspaziert, kommt man zu S. Francesco, Kirche und Kloster, mit feierlich schönem Kreuzgang; jetzt ist dort eine Schule untergebracht. – Aber das Reizvollste an *Rapallo* bleibt die wirkliche, alte, italienische Stadt (die hinter der Promenade) mit ihren Winkelgassen, ihren Arkaden, wo in den Schaufenstern der kleinen und großen Läden so bunte und nette Dinge liegen und hängen. An der Piazza Cavour (dem Hauptplatz: die Autobuslinien gehen von dort) liegt die Pfarrkirche; tretet immerhin ein, aber es werden euch keine Überraschungen geboten. Eine andere Kirche, des Besuches wert, ist S. Stefano (Via S. Stefano), wo der erste christliche Gottesdienst hierorts soll abgehalten worden sein. – Am Corso Regina Elena liegen ein paar größere Geschäfte, Kinos, Cafés; auch das Postamt; in der Via Marsala sind einige schöne alte Häuser anzuschauen.

Wo sind wir eigentlich abgestiegen? Wir unsererseits im Hôtel Savoia, gleich an der Promenade. Es ist freundlich und man ißt über Durchschnitt gut; ein bißchen zu teuer kann man es finden für das, was es bietet. Aber die ganze Gegend ist ein bißchen zu teuer, wir sagten es schon. Natürlich gibt es Gasthöfe in Legion, jede Preislage. Das Albergo

Verdi, auf der Straße nach *Margherita*, hat schönen Blick; für letzte Sauberkeit garantieren wir nicht. Am großstiligsten: das Excelsior-New Casino (gleichfalls Margherita-Richtung). Luxus-Palace.

Ja, die Straße nach *Santa Margherita* ist ein guter Spaziergang; sanfte Steigung, häufig Ruhebänke, wo man sich verschnauft und die Aussicht genießt. Die Villen, an denen man vorüberkommt, verdrießen einen meist durch protzige Plumpheit. (Neunzehntes Jahrhundert, wehe dir!) In einem Gartenpark haben wir drei spielende Stein-Zwerge gesehen, Zwerglein mit weißen Bärten, einer mit roter, einer mit schwarzer, einer mit gelber Zipfelmütze; sie spielten so drollig; und einer saß auf einem Leiterchen, das eigens für ihn unter ein Obstbäumlein geschoben war, als pflücke er Äpfel. Ganz ernsthaft. – So ist *Rapallo.*

Merkwürdig, daß viele Intellektuelle es trotzdem so lieben und sich sogar, ganz oder für einige Zeit, dort niederlassen. Man weiß, daß unser Gerhart Hauptmann hier in einer Villa die Winter verbringt; daß Fritz von Unruh, Franz Werfel, Emil Ludwig sich häufig hier aufhalten. Das sind die Deutschen. Aber hier lebt auch der amerikanische Dichter Ezra Pound (Avantgardist, ekstatischer Lyriker), der englische Karikaturist und Satiriker Beerbohm – und andere mehr.

Rapallo muß Reize haben, hinter die man erst kommt, wenn man dort länger gelebt hat. Es läßt sich denken, daß man dort gut arbeiten kann – und darauf kommt für die Schriftsteller schließlich alles an (Maler sind hier seltener, charakteristischerweise). Ist es aber richtig, daß es hier recht viel regnet? Uns schien es an dem zu sein. Aber, so man sich Mühe gibt, kann man sogar noch an einem verregneten Sonntagvormittag etwas Reizvolles finden: wenn die jungen Burschen in den kleinen Cafés gegenüber der Pfarrkirche, Piazza Cavour, Billard spielen, und sich unter den Arkaden die schwatzenden Leute drängen. – Und wunderschön ist es, abends hier am Meer spazierenzugehen, am Standbild des Columbus vorbei, das in die Ferne weist; am Kastell vorbei; an S. Francesco vorbei. Die Lichter von *Rapallo* spiegeln sich im Wasser des Golfes von Tigullio. Lichter, die sich im dunklen Wasser spiegeln, sind überall und immer unwiderstehlich.

Die Bevölkerung von *Rapallo* soll poetischen und vornehmen Charakters sein (soweit die Fremden sie noch nicht verdorben haben). Salvatelli betont in seinem Buch über die Stadt ihre Hinneigung zum Aberglauben. Durch Tau, in der Johannisnacht gefallen, können hier Wunden geheilt werden, das ist doch hübsch. Daß zerquetschte Schnecken Zahnschmerzen heilen sollen, erscheint unglaubhaft. Und 13 ist hier eine Glückszahl. Derlei muß man wissen.

Von *Rapallo* aus kann man vielfach und abwechslungsreich spazierengehen und spazierenfahren, das gehört zu den starken Vorteilen dieses Ortes –: Richtung *Santa Margherita–Portofino*, Richtung *Chiavari*. Das hochberühmte und wirklich bemerkenswert schön gelegene Kloster S. Fruttuoso, von dessen reichbewegter und langer Historie viele Pergamente berichten, ist am besten von *Portofino* aus zu erreichen, eine Stunde schönen Weges am Meer. Wir empfehlen den Gang. S. Fruttuoso, das früher einen großen und segensreichen Einfluß auf diese ganze Gegend gehabt haben soll, ist heute noch, in seiner felsigen Einsamkeit, ein Ort von sehr ergreifendem Reiz.

Der klassische Aufstieg ist der nach *Ruta* hinauf (290 m über dem Meer) – *Ruta*, an das sich Zarathustra-Erinnerungen knüpfen. (Teile des Werkes sind hier entstanden.) – Die Straße von *Rapallo* ist hübsch und bequem. Mit dem Wagen fährt man etwa 20 Minuten – dann hat man von *Ruta* schon einen schönen Blick, bis *Genua* hinüber. Man fährt aber weiter hinauf, zahlt eine Kleinigkeit, um in die Privatstraße einbiegen zu dürfen, die nach *Portofino-Vetta* geht.

Portofino-Vetta (*Portofino*-Kulm) war, auf seiner dekorativen Höhe, einstmals einer der elegantesten Plätze der Küste. Der Blick, von der Spitze des Vorgebirges aus, ist von einer festlichen Weite: auf der einen Seite bis *Genua*, das im Dunste liegt, auf der anderen weit über *Chiavari* hinaus. Von dem Hotel dort oben ließe sich sagen, daß es von vergangener

Pracht zeugt. Man ahnt noch, wie pompös es vor einigen Jahrzehnten war. Inzwischen ist es freundlich-anspruchslos geworden (und nimmt auch nur 40 Lire Pensionspreis). Und im Tee-Pavillon, der noch einige hundert Meter höher liegt, ersetzt heute der Radio-Lautsprecher feinere Orchester, die dort einst feineren Gästen aufgespielt haben. Die Feinheit wird heute dadurch betont, daß ein Schild an der Wand anzeigt, hier sei Kartenspielen verboten. Man ist doch in keinem ordinären Lokal.

Von den Kirchen, die in dieser Gegend zu besuchen wären (Val Cristi, S. Massimo, S. Maria del Campo, S. Martino di Noceto), lieben wir am meisten die erstgenannte. Val Cristi, westlich hinter *Rapallo* – halb zerfallenes romanisches Gemäuer –, liegt in tiefer Waldeseinsamkeit. –

Die Landstraße von *Rapallo* nach *Chiavari* berührt die obersten und letzten Häuser des Dorfes *Zoagli,* das unterhalb liegt. *Zoagli* hat die Kirche von S. Martino, 12. Jahrhundert – wenngleich später renoviert –, und eines Besuches durchaus wert.

In *Chiavari* (sprich Chiàvari) – Bischofssitz, italienische Kleinstadt mit Verwaltungsgebäuden – wird sich der Fremde kaum aufhalten. Wenn er es tut, stehen Hôtel Moderno und Negrino zur Verfügung. Wenn er es tut, wird er pflichtgemäß die Kathedrale der Madonna del Orto anschauen (mit Marmorfassade); eine Schloßruine (mit Blick). – Die modernen

Denkmäler von *Chiavari* schlagen einen Rekord an Häßlichkeit – keine Kleinigkeit im heutigen Italien. Wir verweisen auf einen sensationellen Garibaldi.

Der Unermüdliche kann nach S. Salvatore wandern, einer Basilika, mit anmutigen Türmchen und runden Fenstern, nicht weit von *Chiavari*.

Hinter *Chiavari* wird es etwas dünner, man kann nun nicht mehr von einem weltberühmten Ort in den anderen schlendern. Vor *Sestri Levante* kommen nur noch die kleinen Orte *Lavagna* und *Cavi*.

Die Hauptsehenswürdigkeit von *Sestri Levante* ist die Villa des Turiner Millionärs und Kunstseidenkönigs Gualino – jenes abenteuerlichen Gualino, der dann im Strudel des Pariser Oustric-Skandals unterging. Die Villa, hochdekorativ an der Spitze des Vorgebirges, ist, bei aller Prunksucht, nicht einmal geschmacklos. Diese italienischen Reichen haben eine gewisse Tradition im Palästebauen und Verschwenden: es ist die Tradition der Renaissance. Gualino umgab sich mit einem Troß von Kunsthistorikern und Künstlern: das kam seinem Prachtbau zugute. Es heißt, daß er, um diese Villa hier, gerade hier, errichten zu können, einen Friedhof umgraben und verlegen ließ. So was ist sündhaft, – Strafe muß sein, und so kam die Oustric-Affäre, von Gott gesandt. Heute ist das Kunstseidenschloß für die Kleinigkeit von 20 Millionen Lire zu haben. Gelegenheitskauf, einmalig.

Im übrigen ist *Sestri* ein beliebter Erholungsort, vor allem im Winter. Mehr wieder einer von der milden und gemütlichen Sorte. Sandstrand, Kursaal (mit Theater), Promenade, Grand-Hôtel Jensch und das Miramare, und das Eden: alles, was so dazu gehört.

Das Schönste, was es zu bieten hat, sind die Spaziergänge hinten ins Land. Waldreiche Gegend. Weinbau; Zitronenhaine.

Levanto – nächster Ort nach *Sestri* – hat eine Schloßruine und ein Rathaus aus dem 15. Jahrhundert. Die *Cinque Terre* sind kleine Ortschaften, an Felsen gebaut, teilweise in den Felsen hinein. Der Wein, der hier gedeiht, hat guten Namen: der Weißwein von *Cinque Terre.*

Spezia ist wichtig, aber nicht so sehr für den Fremden, als für die italienische Kriegsflotte. Der Fremde findet die Hafenstadt staubig und heiß; außerdem ein Schloß aus dem 14. Jahrhundert und ein Arsenal, als Hauptsehenswürdigkeit, das den Vorzug hat, daß man es nie besichtigen darf – nur am 19. März, aber da waren wir zufällig gerade nie da.

Auf der einen Seite des Golfs von *Spezia* liegt *Portovénere,* auf der anderen Seite *Lerici,* beide voll von literarischen Reminiszenzen. Man kann sehr hübsch per Boot von *Portovénere* nach *Lerici* fahren, aber Lord Byron mußte hinüberschwimmen. Byrons Name steigt auf, der hier nicht nur schwamm, sondern sich in einer Felsengrotte von *Portovénere* zum

La Spezia, 1930

«Corsair» inspirieren ließ (was eine Inschrift kündet); Shelleys Name, der hier in einer Villa die letzten Wochen seines Lebens arbeitete, ehe er das Boot «Ariel» bestieg, Richtung *Livorno*, und im Sturm unterging. Und Böcklin hat hier gemalt, alles scheint Böcklinsche Landschaft; romantisches neunzehntes Jahrhundert schönsten Stils; Richard Wagner und D'Annunzio. «Un des plus beaux endroits de la terre», behauptete die George Sand. Hatte sie unrecht?

Nein, es ist zauberhaft, wenn es auch nicht mehr ganz die Landschaft ist, die wir suchen (Wie könnten die Träume des neunzehnten Jahrhunderts völlig die des zwanzigsten sein?): *Portovénere*, mit steilem

Gemäuer am Meer, mit engen Gassen; mit romanischem Gotteshaus.

(Um zum Schluß noch etwas Prosaisches in diese Byron-Böcklin-Stimmung hineinzusagen, raten wir zu dem Restaurant del Genio; dort muß man Vongole-Muscheln bestellen; Spezialität.)

Die italienische Küste hat – um es zusammenzufassen – vor der französischen voraus die größeren historischen Überlieferungen. Hier ist in einigen Klöstern und Palästen europäische Geschichte gemacht worden (wir konnten auf diese mannigfachen Zusammenhänge und Bezüge kaum eingehen). Aber ihr fehlt – für unser Empfinden – ein Charme, eine Lebendigkeit, um derentwillen wir die Côte d'Azur vorziehen. Das französische Genie versteht es, das Traditionsgebundene mit dem Modernen zu vereinigen. (Dadurch erklärt sich die ewige Anziehungskraft von Paris.) Auch an der französischen Küste spürt man oft das neunzehnte Jahrhundert (wenn auch nicht die Renaissance oder das Mittelalter); doch immer nur als Hintergrund des zwanzigsten, das lebt. Die italienische Riviera, bei allem Liebreiz, aller Buntheit ihrer Farben und Formen, ist zu sehr eine Landschaft der schönen Erinnerungen, als daß sie heute noch ein wirklich intensiver Menschenmagnet zu sein vermöchte.

ORTSREGISTER

PERSONENREGISTER

BILDNACHWEIS

Schweizerisches Literaturarchiv (SLA), Nachlass Annemarie Schwarzenbach: Fotos S. 9, S. 14, S. 17, S. 20
Fotoarchiv Gade / Hellmut Münzner: Fotos S. 151, S. 162, S. 163, S. 171
lamodepyjama.blogspot.com: Foto S. 43 (Éditions Rella)
commons.wikimedia.org/wiki/File:K._Brunell_(Talbot):
Foto S. 133 (Agence de presse Meurisse / Bibliothèque nationale de France, Paris)
Jean Gilletta, Éditions Gilletta, Nice: Fotos S. 29, S. 47, S. 59, S. 64, S. 72, S. 79, S. 80, S. 85, S. 86, S. 91, S. 94, S. 105, S. 109, S. 116, S. 124, S. 128
Richard Levy (Errell), Eden Roc. 1934. Nachlass Richard Errell, Museum Folkwang Essen. Foto © Museum Folkwang Essen – ARTOTHEK: Foto S. 83

FRANKREICH
EAU DE PARFUM
GRASSE
Niz
Marseille
CANNES
FRÉJUS
HYÈRES
BANDOL
SAINT-MAXI
SAINT-TROPEZ
CASSIS
TOULON
CÔTE
MITTELMEER